EMPIRE

OU

RADICALISME

PAR

L'Abbé M. CASTAY

PARIS

LACHAUD & BURDIN, LIBRAIRES ÉDITEURS

4, Place du Théâtre-Français, 4

EMPIRE OU RADICALISME

EMPIRE

OU

RADICALISME

PAR

L'Abbé M. CASTAY

PARIS

LACHAUD & BURDIN, LIBRAIRES-EDITEURS

4, Place du Théâtre-Français, 4

EMPIRE OU RADICALISME

PROLOGUE

Cuique suum.
Chacun le sien.

Tout Français, qui aime son Pays, doit être vivement préoccupé du triste sort que nous ont fait les événements de ces dernières années.

Il en cherche les causes, il en pèse les responsabilités et il se demande par quels moyens l'on peut réparer les désastres, prévenir le retour de semblables calamités et quelle voie doit enfin rendre à la Patrie sa marche sûre et régulière.

Les étrangers partagent toutes nos préoccupations. .

Nos malheurs inouïs ont profondément impressionné les Nations des deux Continents. Elles ont éprouvé le contre-coup de notre chute ; car, lorsque la France s'arrête, tout s'arrête dans le Monde.

Nos intérêts et ceux des autres peuples demandent donc une solution prompte et définitive. Nous devons, par conséquent, réunir nos efforts pour mettre un terme à nos maux, cicatriser nos blessures, réparer nos ruines, endiguer enfin dans son lit le torrent des révolutions et empêcher ses crues périodiques de submerger à l'avenir le sol de la Patrie.

L'œuvre est grande et pénible ; mais elle ne dépasse pas les forces de la Nation.

Pour nous, voulant user d'un droit et accomplir un devoir, nous venons aider de notre concours ceux qui, ayant à cœur le salut du Pays, travaillent résolûment à reconstituer la Société française sur les véritables bases de l'ordre moral et politique.

Inspiré donc par notre seul dévouement patriotique, nous entreprenons d'établir la situation présente de la France, de dire et de prouver qui a fait cette situation, et d'indiquer les moyens de sortir définitivement de telles extrémités.

Notre jugement sera d'autant plus impartial que, n'ayant pas de parti politique préconçu, nous nous proposons uniquement d'être utile à notre Pays, en lui faisant connaître ses ennemis, la manière de s'en débarrasser et la voie qui le conduira certainement au salut, quelle que soit d'ailleurs la forme définitive de Gouvernement adoptée par la Nation.

Nous aurons le courage de dire la vérité telle que nous la savons, sans trop nous préoccuper des clameurs hostiles que notre parole pourrait soulever. Notre intention n'est ni de flatter, ni de blesser personne. Nous dirons franchement aux partis qui divisent notre malheureux Pays leur part de responsabilité dans l'œuvre de dissolution sociale qui mine la Nation française. Et, faisant appel à leur patriotisme, nous les adjurons de s'effacer devant la volonté du Peuple qu'il faut, à tout prix, si nous voulons éviter la ruine, appeler loyalement et sincèrement à se prononcer en toute liberté sur le Gouvernement que désire la majorité des Français.

Quant à nous, quoique moralement certain d'avance des résultats d'un plébiscite, nous nous déclarons sincèrement prêt à accepter, même si nos prévisions nous trompaient, le Gouvernement que se donnera la Nation, agissant dans la plénitude de sa liberté, parce que nous sommes convaincu que ce Gouvernement sera légitime et seul capable de nous sauver.

Nous ferons en sorte de nous tenir sur le terrain de la pratique ; nous constaterons les faits, nous les apprécierons en eux mêmes, dans leur connexité et dans leurs conséquences ; et puis, nous exposerons succintement le moyen capable, selon nous, d'asseoir en France la stabilité de nos Institutions et de rendre au Pays sa prospérité et sa grandeur.

Nous diviserons notre travail en trois CHAPITRES. Dans le PREMIER, nous exposerons la SITUATION de la France ; dans le SECOND, nous établirons les RESPONSABILITÉS et dans le TROISIÈME, nous indiquerons la SOLUTION.

CHAPITRE PREMIER

SITUATION

§ 1. — PRINCIPE D'AUTORITÉ

Quoi qu'on puisse dire, il est certain qu'à aucune époque de l'Histoire le principe d'autorité, pourtant si nécessaire au Gouvernement des peuples, ne fut plus ébranlé qu'il ne l'est de nos jours.

Le Libre-Examen, que la Réforme du XVIe siècle a érigé en dogme brutal, et la Philosophie voltairienne, sa fille naturelle, dont la presse a imbu les masses populaires, ont ébranlé tous les principes religieux et sociaux de notre vieille Europe. Aussi, la perturbation apportée par ces doctrines dans les intelligences devait-elle bientôt passer dans les actes.

Il est impossible qu'un peuple puisse se soustraire à la logique d'un principe religieux ou philosophique qui le domine et en rejeter les conséquences pratiques. Ces conséquences, il les poursuit malgré lui, dans ses aspirations, dans ses tendances et dans son travail politique et social.

Et voilà pourquoi les États protestants, dans toutes leurs institutions, dans toutes leurs réformes, dans toutes leurs révolutions, dans toutes leurs entreprises et dans toutes leurs guerres, ont fatalement poursuivi le triomphe de leurs dogmes religieux sur les dogmes catholiques, et n'ont cessé, durant trois siècles, de persécuter le Catholicisme et de le combattre à outrance partout où ils l'ont rencontré.

Et certes, la Saint-Barthélemy, l'Inquisition, les Dragonnades et la Révocation de l'Édit de Nantes ne sont que des boutades et des jeux d'enfants auprès des terribles persécutions que les Catholiques ont endurées des Protestants en Suède, en Danemarck, en Allemagne et en Angleterre.

Et dans nos grandes perturbations politiques de 93, de 48 et de 71, les guillotineurs, les égorgeurs et les assassins ne sont-ils pas allés toujours chercher leurs victimes dans les rangs des Catholiques?

Et de nos jours, n'est ce pas encore eux que la Russie, l'Allemagne et la Suisse spolient, emprisonnent ou exilent? Et la presse démagogique, qui, sans vergogne, crie grâce et amnistie pour les voleurs, pour les assassins et pour les incendiaires de la Commune, cache-t-elle sa joie, si le pieux Empereur d'Allemagne dépouille ou chasse de ses États des sujets allemands, uniquement parce qu'ils sont catholiques et religieux? Ne bat elle pas des mains si de semblables faits se produisent en Italie, en Espagne et dans la République helvétique? — Or, voici la raison de cela:

Si le Catholicisme, qui seul défend et pratique les vrais principes sociaux, vient à disparaître de l'Ancien Continent, les démagogues sont certains que la révolution n'aura plus de digue et que les gens de désordre pourront dès lors donner libre carrière à leurs criminels desseins et satisfaction complète à leurs instincts pervers.

Et ainsi l'enseignement catholique est attaqué et combattu sans trêve ni merci; et ainsi le parti républicain, qui se compose, en immense majorité, d'hommes turbulents, niveleurs, libres penseurs et incrédules, ne cesse de conspuer, d'outrager et de saper à leur base toutes les Institutions cléricales pour les remplacer par l'élément purement administratif et laïque.

« L'Église, a dit de Maistre, est une grande école de respect. »

La doctrine qu'elle enseigne, au nom d'un Dieu arbitre souverain de toutes les puissances humaines et suprême dispensateur de récompenses et de châtiments inévitables, assigne leurs droits et leurs devoirs aux grands et aux petits, aux riches et aux pauvres; elle inspire à tous l'esprit de sacrifice, d'union et de charité fraternelle, et leur apprend à ne considérer la vie d'ici-bas que comme un moyen dont il faut sagement user pour atteindre la vie immortelle d'un monde meilleur.

Cette doctrine fait l'*honnête homme* et le *bon citoyen*.

Au contraire, l'enseignement rationaliste et démagogique, en étouffant dans l'esprit des masses l'espérance d'une éternelle Patrie; en persuadant à l'homme qu'il est lui-même son maître et son Dieu, en lui montrant la vie présente comme le terme suprême de son existence et en lui prêchant qu'un jour tout ce qu'il est finira dans le néant de la tombe, renie le droit et le devoir, détruit le principe de toute autorité légitime, inspire l'égoïsme le plus impitoyable et mène fatalement la Société à sa ruine.

Cette doctrine fait *le malhonnête homme et le communard.*

D'un autre côté, les vrais principes sociaux et religieux sont sans cesse battus en brèche par le Corps enseignant.

Le premier Empire, en établissant l'Université, a fondé un Enseignement officiel; mais il a voulu le baser sur les saines doctrines, comme l'attestent les circulaires de M. de Fontanes, qu'on dirait émanées d'une plume épiscopale. Néanmoins, comme l'Université n'a que des professeurs rattachés à un corps par la discipline et la hiérarchie, et non par l'unité des croyances, on n'a obtenu que la confusion dans l'enseignement et l'anarchie dans les idées, confusion et anarchie qui, passant bientôt dans les faits, ont inspiré aux masses le mépris de l'autorité ; *cause fatale de toutes nos révolutions.*

Il faut donc ou que le Catholicisme refleurisse au sein de la Société française pour la guérir et l'améliorer, ou que cette Société périsse dans un avenir peu éloigné.

Il faut que toutes nos Institutions redeviennent profondément catholiques; il faut que la morale et le dogme chrétiens servent de base fondamentale à l'enseignement public; il faut enfin que Dieu soit replacé en tête de tout, si nous voulons enrayer le mal qui nous dévore et détruire le chancre qui ronge tout l'édifice social.

Si cela n'a point lieu, nous ne serons bientôt qu'un peuple disloqué et déchu.

Cependant, il en est qui prétendent que les États protestants sont plus prospères que les États catholiques, et que la race latine s'affaisse de décrépitude devant les fortes races du Nord et de la Germanie.

Il y a là une erreur profonde.

Il est avéré que certains peuples protestants ont donné un essor inouï et un développement colossal à leur prospérité matérielle.

Tous leurs efforts et toute leur énergie nationale semblent uniquement tendre à s'assurer le bien-être de la vie présente.

Ainsi, les colonies anglaises, dans les Indes et ailleurs, ne sont que de vastes établissements d'exploitation où des millions d'hommes travaillent au bénéfice exclusif de la Métropole. Les Anglais ne se mêlent pas aux peuples qu'ils ont soumis, ils les pressurent; ils ne les civilisent pas, ils les dressent; et si ces peuples leur résistent, ils les exterminent.

Les Américains du Nord, à mesure qu'ils envahissent, refoulent les Indiens et les égorgent. Ils ne colonisent pas, ils spolient.

Nous voudrions bien savoir si l'Angleterre a policé l'Hindoustan? si la Hollande a implanté dans ses Colonies les mœurs et les croyances européennes? et si les Yankees ont accordé aux Peaux-Rouges le droit de cité?...

Non! non! Le Protestantisme ne civilise pas; il asservit et il exploite.

Mais les progrès matériels, sans les progrès moraux, sont pour un peuple moins une cause de grandeur que de décadence.

Et certes, n'est-on pas stupéfait en présence du hideux spectacle que présente l'état religieux, moral et politique de ces Peuples, qui paraissent d'ailleurs si prospères? N'y voit-on pas le déchirement à l'infini du dogme chrétien enfanter l'anarchie dans les idées et enlever tout frein aux débordements des passions humaines ?

Aussi, la perversité des mœurs est-elle arrivée à son comble en Angleterre et aux États-Unis, et le vice s'y produit-il impunément au grand jour.

Tout le monde sait encore que celui qui possède beaucoup de guinées entre facilement au Parlement anglais et qu'aux États-Unis le rufien est le maître des suffrages, comme le dollar en est le dieu.

L'anarchie, qui dévore secrètement l'Angleterre, est beaucoup plus profonde que celle qui nous désole ; et pour être lente et sourde, elle n'est pas moins redoutable.

La puissance et la prospérité de cette Nation ne sont qu'à la surface. Dans cinquante ans, elles ne seront déjà plus qu'un souvenir.

Si l'Angleterre avait subi des échecs tels que les nôtres, elle ne se relèverait pas d'un siècle.

La première perte d'une bataille navale, contre une puissance européenne, la jettera à terre sans retour ; elle lui fera perdre ses colonies et la reléguera au rang qu'occupe aujourd'hui la Hollande.

Un *même mal, l'anarchie*, mal implacable et profondément invétéré, ronge au cœur tous les Peuples protestants. Ils en mourront ; car le remède leur fait défaut.

Les races latines sont aussi travaillées de semblables dissensions.

Mais, à côté du mal est le remède ; nous voulons dire l'Unité et l'Efficacité des croyances catholiques, qui relèveront infailliblement l'édifice social dans toute l'harmonie de ses grandioses

proportions, si les Gouvernements se donnent la mission patriotique de protéger, parmi leurs sujets, la propagation des saines
doctrines du Christianisme.

Tous ceux donc qui demandent chez nous la séparation de
l'Église d'avec l'État, sont des insensés ou des criminels de
lèse-nation.

Une alliance intime entre ces deux Pouvoirs est aujourd'hui
plus nécessaire que jamais.

Là seulement est le salut de la Patrie.

§ II. — PRESSE

Mais si l'enseignement catholique instruit, moralise et améliore, il serait criminel de laisser à côté la presse démagogique et incrédule s'efforcer de produire des résultats contraires. Pendant que l'un édifie, l'autre ne doit pas démolir. Ce qui nous amène à dire que la *Liberté illimitée* de la presse n'est que la *Liberté du crime*.

Qui certes oserait revendiquer, défendre et pratiquer la liberté de tout faire ? Or, la liberté de tout faire suit de près la liberté de tout dire. Ces deux libertés sont nécessairement corrélatives ; celle-ci est la THÉORIE, celle là est la PRATIQUE.

Si donc il y a crime à tout faire, il y a crime aussi à tout dire ; et celui qui enseigne le mal est au moins aussi coupable que celui qui le fait.

Est-ce à l'ouvrier qui bâtit un édifice, que revient le mérite de l'œuvre, ou à l'architecte qui en a tracé le plan?

Pourquoi donc le barricadier et le pétroleur seraient-ils plus coupables que ceux qui leur ont inspiré leurs criminels desseins?

Quoi! Vous punissez de mort le scélérat, grossier et besogneux, qui égorge sa victime pour en avoir la dépouille, et vous entoureriez d'honneur et de protection cet autre scélérat, érudit et repu de tous biens, qui détruit chez des millions d'hommes, de femmes et d'enfants, la vie du cœur et de l'intelligence, et qui pousse les multitudes à s'entr'égorger et à semer partout le pillage et l'incendie ?

La vérité de ces principes est tellement absolue, que la suppression de la liberté de la presse s'impose fatalement à tout Pouvoir nouveau.

Tout parti opposant réclame, à grand bruit, cette liberté à celui qui occupe le Pouvoir ; mais s'il prend à son tour les rênes de l'État, il brûle de suite ce qu'il a adoré et il adore ce qu'il a brûlé ; car, il sait, par instinct, que tout Gouvernement est impossible en France avec la liberté de la presse.

Ainsi, un beau jour, à Bordeaux, le libéral Gambetta fait saisir tous les journaux pour les empêcher de publier le *Décret-Simon* qui vient annuler son *Décret des incompatibilités*. M. Thiers, l'auteur des lois de Septembre et néanmoins l'orateur qui, sous l'Empire, avait défendu avec tant de véhémence la nécessité de la liberté de la presse et qui avait solennellement déclaré s'être jadis *trompé en la limitant*, se hâte, dès son arrivée au Pouvoir, de supprimer une foule de journaux à Paris et en Province. Et pendant leur sinistre domination, les Communeux, à leur tour, suppriment non-seulement les journaux, mais ils recherchent encore les journalistes pour les emprisonner et les mettre à mort.

C'est ainsi que la pratique diffère de la théorie.

La seule liberté, qui doive être accordée à la presse, est celle de propager le bien et de combattre le mal : toute autre est désastreuse pour l'ordre et pour la sécurité du Pays.

Et si l'on dit que la liberté de tout dire se corrigera par ses propres excès, il faut dire aussi que la liberté de tout faire se corrigera de la même façon.

Évidemment est criminel, s'il n'est pas niais, celui qui soutient une telle doctrine.

§ III. — POLITIQUE

Depuis la première République, la politique de la France,
à l'intérieur comme à l'extérieur, flotte incertaine à la dérive,
sans principes dans ses aspirations et sans but national dans
ses vües. Le triomphe des intérêts mesquins du parti qui
domine est son mobile unique et le bien général de la Nation
devient le moindre de ses soucis.

Les divers Gouvernements, qui se sont succédé en France
depuis la Révolution jusqu'au jour présent, ont usé de tous les
moyens possibles, ont dépensé toutes les forces vives du Pays,
pour faire entrer dans les grands Pouvoirs de l'État des hommes dévoués par conviction ou par intérêt. Ils ont combattu
et sacrifié sans pitié leurs adversaires; ils ont confectionné
une législation exclusivement destinée à favoriser leurs vues.
Le Gouvernement de la première République appelle ses
partisans seuls à la Représentation nationale ; le premier Empire
agit de même ; la Restauration tient une conduite semblable ;
le Gouvernement de Juillet et la République de 1848 imitent
les exemples précédents ; le second Empire met tout en œuvre
pour faire élire ses candidats officiels et la République de 1870,
si elle devient définitive, usera de tous les moyens administratifs, comme elle a usé de toutes les menées démagogiques,
pour faire arriver ses créatures.

On dit en toute vérité qu'en France *une révolution n'est qu'une guerre aux places.*

Il est en effet remarquable avec quel empressement le Pouvoir rejette de toute fonction ceux qu'il considère comme ses ennemis pour leur substituer ses partisans. D'ailleurs l'intérêt de sa stabilité lui impose une semblable conduite.

Il exploite l'ambition et la cupidité pour se faire des amis qu'il appelle aux emplois administratifs et judiciaires ; ce qui est toujours une cause d'immoralité, en ce sens qu'alors le magistrat obéit, dans l'exercice de ses fonctions, moins à la voix de la conscience et de la justice qu'aux inspirations de celui qui l'a nommé.

Ainsi nous avons vu, après le 4 Septembre, avec quelle fougue des troupeaux d'avocats et de journalistes-démocrates se sont rués, comme des bassets à la curée, sur tous les emplois grassement rétribués et avec quel acharnement la presse de couleur n'a cessé de signaler, comme indignes d'occuper une fonction quelconque, les élus des règnes tombés.

Et même aujourd'hui, le Cabinet du Septennat ne confie-t-il pas les postes diplomatiques et administratifs les plus importants aux gens qui portent la livrée du parti dont il partage les espérances ?

Donc toujours et partout l'exclusivisme le plus absolu est mis en pratique gouvernementale. C'est un Pouvoir nouveau qui gouverne à sa guise et qui dédaignera nécessairement les aspirations du Pays, si elles contrarient ses visées personnelles. De là les tiraillements, les entraves et le désordre, jusqu'à ce qu'arrivent la chute et la ruine.

Ces faits incontestables prouvent évidemment que tous nos Gouvernements successifs se sont beaucoup préoccupés de leurs propres intérêts, mais bien peu de ceux de la Nation.

Il leur était d'ailleurs impossible d'agir différemment sans se suicider.

Durant tous ces règnes, la législation politique fut une législation de partis. Elle s'est toujours exclusivement inspirée des vues personnelles du Pouvoir présent ; et tous les actes législatifs de ce Pouvoir n'ont été que des mesures de précaution et des moyens de défense contre des adversaires. Ils furent souvent empreints de l'arbitraire le plus criant et toujours basés sur les principes d'un impitoyable égoïsme.

C'est ainsi que les grandes libertés politiques furent tour-à-tour accordées, restreintes et retirées, suivant que le Gouvernement jugeait le cas utile aux besoins de sa sécurité.

Il en sera nécessairement de même sous le Régime républicain, si l'on réussit à l'imposer à la France.

Et certes, il s'inquiètera fort peu de se montrer inconséquent avec les doctrines de ses chefs les plus avoués.

Les prétextes ne lui manqueront pas pour user de moyens coërcitifs. Il mettra en avant, à tort ou à raison, le mot de réaction, pour justifier des mesures arbitraires et des actes restrictifs de ses promesses d'autrefois et des réformes qu'il réclame aux autres depuis cinquante ans.

Voilà comment la politique intérieure restera fatalement encore en France une politique d'expédients, de demi-mesures et de défense personnelle entre les mains de la nouvelle République, si Dieu lui prête vie. Elle changera de guide, mais non de voie. Et tout *Gouvernement imposé* devra agir de **mêm** s'il ne veut pas courir à sa perte.

La politique extérieure aura nécessairement le même **sort**,

Un peuple bien gouverné, s'il ne manque pas de constance, s'il est habile dans le choix des moyens et prompt à agir en temps opportun, finit toujours par atteindre un but déterminé par ses besoins ou par son ambition.

La politique des États-Unis d'Amérique n'a été jusqu'ici qu'une politique d'envahissement, commandée par l'extension de l'industrie et du commerce de cette Société de marchands.

L'Angleterre ne recherche que le protectorat de ses commerçants et des débouchés pour les mille produits de ses fabriques et de ses immenses colonies.

La Russie veut baigner ses pieds glacés dans les eaux tièdes et parfumées du Bosphore, et elle se ménage toutes les alliances propres à favoriser son ambition.

La Prusse travaille à reculer ses frontières de Kœnigsberg à Venise et de Calais à Odessa pour dominer à la fois les mers et le continent du Vieux-Monde.

Tous ces peuples et d'autres encore poursuivent donc, par leur politique extérieure, un but bien défini. Ils veulent l'atteindre et ils y courent sans trop s'inquiéter de la valeur morale des moyens.

Mais un grand intérêt national ne saurait être l'objet de la politique extérieure de la France. La diversité des partis qui nous divisent la condamnent à n'avoir en vue que les intérêts du pouvoir régnant.

Louis XI, Richelieu, Mazarin et Louis XIV eurent une politique inspirée par le bien général de la Nation, parce qu'au temps de ces grands hommes, le Pouvoir, en France, était *un* et *indiscutable*.

Au contraire, les divers Gouvernements éclos parmi nous depuis quatre-vingts ans, n'ont cessé de chercher à l'étranger des appuis moraux ou matériels contre les éventualités d'une attaque possible des parties adverses.

Ainsi, la République de 1870, si elle conserve son vice d'origine, sera fatalement condamnée à n'avoir qu'une politique de propagande révolutionnaire, toute alliance monarchique lui étant impossible.

Les mille théories de ses adeptes seront tour-à-tour proposées comme moyens de réformer la Société européenne. On recherchera partout l'appui de la révolution démagogique.

Et, comme l'Europe est gouvernée monarchiquement, le nouveau régime français restera suspect aux Souverains des grands États.

Cela nuira nécessairement aux rapports internationaux et au bien général du Pays. Il faudra, par conséquent, recourir encore aux expédients.

Seul donc pourra se proposer un grand but national, dans sa politique extérieure, le Gouvernement qui, soutenu par la majorité du Peuple, n'aura pas à craindre pour son existence.

Quand une nation ne peut se proposer et ne se propose de poursuivre, dans sa politique extérieure, que son bien exclusif, elle ne saurait compter sur des alliances sérieuses. Mais dès qu'elle embrasse la défense d'intérêts plus généraux, les hostilités qu'elle peut rencontrer d'abord chez les souverains étrangers, disparaissent bientôt devant l'attitude sympathique de leurs sujets.

Voilà pourquoi tous les grands États donnent pour objectif, leur politique extérieure, la protection du culte dominant parmi leurs sujets.

Ainsi, la Russie veille avec un soin jaloux à la sécurité de l'Église orthodoxe ; l'Angleterre couvre partout de sa protection l'indépendance du Protestantisme, et la Prusse veut broyer sous son pied de fer le Catholicisme en Allemagne pour imposer aux races germaniques la Réforme de Luther.

Or, si la France eût résolûment pris en main la cause de l'Église ; si elle l'eût partout protégée par sa politique extérieure depuis la chute de Napoléon Ier, elle eût acquis une influence d'autant plus prépondérante qu'elle répondait aux vœux et aux sympathies des Nations catholiques. Et, comme leurs intérêts religieux sont les nôtres, il eût été impossible que ces Nations, qui nous devraient une stabilité et un calme dont elles ne jouissent pas, nous eussent laissés dans ce lamentable isolement qui a permis à nos vainqueurs de nous fouler si cruellement aux pieds.

Voici donc notre conclusion : Pour que le Gouvernement puisse exercer une politique efficace et inébranlable à l'intérieur, il doit faire une alliance étroite et sincère avec l'Église ; et s'il veut avoir une influence souveraine à l'extérieur, il lui importe de prendre en tous lieux la défense des droits et des intérêts du Catholicisme.

§ IV. — CENTRALISATION

Quel que soit d'ailleurs le Gouvernement, l'État est tout en France.

Son omnipotence s'exerce sur l'éducation civile, politique et religieuse du citoyen. Il veut que tout marche sous son impulsion, que tout vive de sa vie, pense de sa pensée et respire de son souffle.

Personne n'échappe au pouvoir de l'État. L'agriculteur, l'ouvrier, l'industriel, le commerçant, l'écrivain, le professeur, le magistrat, le prêtre ne peuvent rien entreprendre ni rien produire en dehors de l'action de l'État.

Ce monopole écrasant, qui étouffe toute initiative individuelle et nationale, peut, à un moment donné, servir puissamment au Pouvoir pour le bien ou pour le mal ; mais il détruit tout sentiment de liberté personnelle et habitue le Peuple à ne compter que sur l'État, qu'il exalte ou qu'il accuse à tout propos, comme seul responsable.

Il doit fatalement conduire la Nation à l'abrutissement et à l'annihilation d'elle même.

Cette centralisation de tout pouvoir entre les mains de l'État est donc une cause de désorganisation sociale et de révolutions toujours possibles.

Examinons, en effet, comment les choses se passent en

France depuis quatre-vingts ans, depuis que, parmi nous, sont nés successivement les divers partis politiques qui se disputent la Puissance souveraine.

Le Gouvernement de la **première** République, en détruisant les anciennes Provinces pour concentrer entre ses mains, au sein de la Capitale, tous les pouvoirs administratifs, judiciaires et autres, a donné, sans doute, une tête à la France ; mais il l'a amputée de tous ses membres. Il a fait Paris, mais il a condamné la Province à une mort lente et inévitable.

Les diverses perturbations politiques qui, depuis cette époque, se sont produites au sein de la Nation, en sont une preuve irréfutable ; car, le mouvement est toujours parti de Paris, et la Province a toujours servilement subi les caprices désastreux de la Capitale.

Jusqu'à ce jour, toute révolution parisienne est devenue une révolution nationale.

La Province n'a eu ni la volonté ni le désir de juger l'action de Paris et de lui résister. Le fait accompli lui a suffi ; elle l'a accepté sans examen.

Il est donc certain que, depuis 1792, Paris est à peu près tout et le reste de la France presque *rien*.

Le Département *n'existe que nominalement*. Il ne peut rien par lui-même, sous les rapports politique, administratif et autres. Le préfet y est omnipotent et il gouverne à son gré sous l'impulsion de l'État qu'il représente.

La commune n'est *rien*. Elle est placée sous la tutelle du Gouvernement qui régit tout ce qui est à elle ; et ses actes, non revêtus de la sanction du Pouvoir central, sont frappés de nullité.

Ainsi la Province ne pense, ne sent, ne veut et n'agit que comme Paris pense, sent, veut et agit.

Les rôles sont renversés. Paris devrait exister pour la France; mais la France ne doit pas exister pour Paris.

Lo danger d'une telle anomalie s'est naguère produit parmi nous avec une effrayante réalité.

Il est sûr que si tous les membres du Gouvernement étaient restés dans la Capitale après le 4 Septembre, la Province n'aurait ni su ni pu organiser les moyens de secourir Paris et de résister à l'ennemi.

Mais si la Centralisation n'avait pas existé, quelle impulsion puissante la Province, sachant se gouverner elle-même, n'eût-elle pas donné à l'œuvre de la défense, et combien eût été vaine et ridicule la tentative criminelle de la Fédération parisienne, devant l'indépendance fortement organisée du reste de la France! Au contraire, s'il eût triomphé dans Paris, lo Communalisme, grâce à la Centralisation, s'imposait fatalement au reste de la France, comme se sont imposées toutes les révolutions faites et acceptées par la Capitale.

§ V. — REPRÉSENTATION NATIONALE

Mais pour donner de la stabilité au Pouvoir et à l'ordre public, il est absolument nécessaire de réformer le mode de notre Représentation nationale et de le constituer de telle sorte que les députés représentent les vues, les aspirations et les intérêts des électeurs, et non les tendances exclusives d'une faction politique quelconque.

Or, les divers mouvements révolutionnaires qui ont successivement renversé chacun des Pouvoirs éclos en France depuis quatre-vingts ans, d'abord fomentés par l'influence politique de la presse, sont toujours partis du Corps législatif.

C'est en effet dans cette Assemblée que tous les partis se trouvent directement en face du Pouvoir régnant; c'est là u'ils l'attaquent à outrance et impunément, avec toutes leurs rces unies en faisceaux compactes. Et les coups les plus acharnés et les plus hostiles lui sont portés tous les jours, jusqu'à ce qu'enfin le colosse, ébranlé sous un effort suprême, tombe de son piédestal, sur lequel aussitôt se dresse un nouveau fantôme de Gouvernement, destiné à subir bientôt le sort de son devancier.

Ce régime, qui n'est que l'anarchie constitutionnellement organisée en permanence, seconde donc d'une manière étrange les complots des factions.

Cependant, on se plait à dire que l'*équilibre est le résultat de la pondération des Pouvoirs*, et qu'ainsi l'opposition est nécessaire à la bonne gestion de la chose publique.

Cette maxime politique est fausse, parce qu'elle fait du Gouvernement plutôt l'ennemi que l'ami de la Nation. Aussi les députés prétendent-ils représenter, contre le Gouvernement, les intérêts du Pays. En le combattant, ils ne sont donc que logiques. Et cela est si vrai que, pour capter les suffrages de leurs électeurs, ils prennent toujours vis-à-vis du Pouvoir une attitude hostile.

La liberté de la presse est nécessaire au fonctionnement de telles institutions ; car le mécanisme actuel du suffrage universel exige forcément l'intervention du journalisme.

Et en effet, un candidat inconnu se présente dans un Département. Il faut bien qu'il puisse dire à ses électeurs d'où il vient, qui il est et ce qu'il veut. Or, la presse seule lui en fournit le moyen.

Il n'est donc pas étonnant que, jusqu'ici, les députés de l'opposition aient demandé, avec une persistance infatigable, la liberté absolue de la presse.

C'est la presse qui les élève et qui leur permet d'attaquer le Pouvoir en face ; de porter le coup ou de le parer. Elle est pour eux un moyen sûr d'étreindre la Nation tout entière, du palais des grands à la chaumière des petits, et de ruiner dans l'opinion publique tout ce qui pourrait contrarier leurs vues.

Aussi l'opposition et la liberté de la presse sont-elles connexes ; l'une ne peut exister sans l'autre.

Ce fait devient incontestable devant le résultat des élections.

Les citoyens qui obtiennent et conservent le plus aisément

le mandat de député, sont ceux qui tiennent la plume ou qui portent la robe, c'est-à-dire les écrivains, les avocats et les professeurs.

C'est donc la parole écrite ou parlée qui ouvre aisément aux ambitieux les portes du Corps législatif.

Le publiciste, qui veut attirer sur lui l'attention publique, se livre sans frein, dans la presse, aux critiques les plus acerbes des actes du Pouvoir. Il déverse le blâme et le ridicule sur les hommes et les choses et soulève les plus dangereuses passions du Peuple, en faisant briller à ses yeux des espérances séduisantes, quoique mensongères.

L'avocat qui veut poser sa candidature, abuse de la liberté que lui donne l'exercice de ses fonctions pour faire un pompeux et bruyant étalage de ses opinions politiques dans une plaidoirie à effet contre la conduite de l'État.

Le professeur, à son tour, mû de la même ambition, prêche l'indépendance absolue de la personnalité humaine à une jeunesse ardente et passionnée, qui tentera bientôt de mettre en pratique les leçons du maître.

Et ces ambitieux passent bientôt pour des réformateurs de la Société et la presse les met avec succès aux rangs des candidats à la députation.

Ainsi portés au Pouvoir, ces hommes doivent nécessairement faire opposition au Gouvernement, sinon par principe, du moins par situation. Il faut qu'ils avancent sans cesse ; leurs engagements sont solennels : la voix de la publicité les leur rappelle à tout instant et toujours elle est prête à dénoncer leur félonie et à demander leur déchéance, si leurs coups viennent à faiblir.

Il n'est donc pas possible à un Gouvernement quelconque de pouvoir longtemps tenir debout devant de tels ennemis.

Et comme cette perturbation provient de la facilité que

notre Système parlementaire et l'action de la presse donnent aux factieux d'ébranler le Pouvoir, il est nécessaire de modifier les principes de nos Institutions, de telle sorte que les éléments d'anarchie en soient radicalement écartés.

Mais il n'y a qu'un Gouvernement fort et, par conséquent, issu du suffrage universel, qui puisse nous donner ces réformes.

§ VI. — SITUATION MILITAIRE

La France, considérée au point de vue militaire, est dans un état de désorganisation complète.

Les résultats matériels de cette désorganisation sont l'œuvre des Corps constitués qui, systématiques et exclusifs, restent fatalement stationnaires et n'admettent que leur initiative et leur compétence pour toutes les questions d'armement.

Leurs errements du passé sont, en partie, cause de nos malheurs : leurs errements du présent pourrait bien amener notre ruine complète.

Nos moyens de défense sont défectueux et insuffisants ; nos places de guerre, médiocrement fortifiées, sont impuissantes contre l'artillerie moderne ; les officiers manquent d'instruction, parce que le mode d'avancement n'étant pas exclusivement basé sur le mérite que donnent les connaissances de l'art de la guerre, leur légitime ambition n'a pas de stimulant ; les soldats sont indisciplinés et sans patriotisme, parce que continuellement travaillés et séduits par les sectes démagogiques, ils ne voient, dans le sacrifice de leur vie sur le champ de bataille, que leur mort personnelle et non le salut lui-même de la Patrie.

Toutes ces causes produisent le désarroi dans les rangs de

l'armée et de honteuses défaillances chez quelques-uns de ses chefs. Ainsi, dans toutes nos commotions politiques, tandis que certains officiers, follement désireux d'honneurs, tendent une main félonne à la faction qui peut les élever au faite de la hiérarchie militaire, les défections du soldat sont cause que l'audace criminelle et triomphante nous jette dans les plus grands désordres.

§ VII. — CONCLUSION

Tel est le triste état de notre pays.

Jamais peut-être, aux jours les plus tourmentés de son Histoire, la Nation française ne fût affaissée dans un si profond abattement de toutes les forces qui constituent la vie d'un peuple.

L'absence de principes religieux et l'anarchie des croyances morales et politiques enfantent le plus abject égoïsme au sein des populations, qui, uniquement soucieuses des jouissances sensibles, étouffent dans leurs cœurs le sentiment de l'abnégation, du sacrifice et du patriotisme, pour n'y laisser dominer que la passion bestiale de savourer en paix les douceurs de la vie matérielle.

Et si, d'un autre côté, l'on songe que la presse fait tous les jours entendre ses mille voix pour prêcher au public l'incrédulité, le scepticisme et l'anarchie; si l'on considère l'œuvre de décomposition suprême que la main criminelle du radicalisme poursuit, dans le peuple, avec tant d'habileté, d'ensemble et de constance, tandis que la classe ouvrière est en masse affiliée à cette sinistre Internationale qui enlace déjà le monde entier et menace d'étouffer, dans son étreinte, tout ce qui n'est pas elle, l'on pourra difficilement comprendre qu'il reste encore debout un seul débris de la Société française.

Ainsi, bouleversement de tous les Pouvoirs, abus de l'autorité du côté de l'État, mépris de cette autorité du côté du peuple, indifférence profonde pour le bien public, égoïsme brutal des masses, ruine des croyances religieuses, amour immodéré du bien-être, orgueil insensé qui nous fait mépriser les autres peuples et qui nous aveugle sur nos propres défauts, telle est, en résumé, la déplorable situation que les diverses factions politiques ont faite à notre malheureuse France !

CHAPITRE II

RESPONSABILITÉS

§ I. — PRÉSIDENCE

DU

PRINCE LOUIS-NAPOLÉON-BONAPARTE

EMPIRE

Cette funèbre dislocation de tous les éléments sociaux de la
Nation-française a sa cause, nous l'avons dit, dans l'action délé-
tère des partis qui nous divisent.

Depuis que la tête de la royauté est tombée, avec celle de
Louis XVI, sous le couteau de la Convention, chacun des
régimes qui ont successivement occupé le Pouvoir a essayé
d'asseoir sa domination en faisant manœuvrer à son profit le
jeu de nos institutions politiques, administratives et militaires. La tentative fut toujours vaine et elle le sera toujours,

si l'on ne fait pas subir au mécanisme gouvernemental les réformes radicales que nous signalons.

Tous ces régimes ont plus ou moins contribué à leur propre chute. Nous n'avons pas à examiner les causes de leur renversement ; car les limites que nous nous sommes tracées nous en empêchent. Nous nous bornerons à analyser rapidement les actes et les faits du second Empire, pour y relever la responsabilité de ceux qui ont appelé sur la France des malheurs inouïs en faussant, par leur part d'action et d'influence, les développements et les tendances de la politique impériale.

La Révolution de Février, en 1848, nous donna les journées de Juin, comme celle du 4 Septembre 1870 nous amena la Commune.

Alors, comme aujourd'hui, la démagogie menaçait de ruiner de fond en comble tout l'édifice social. Aussi, lorsque le Prince Napoléon Bonaparte posa sa candidature à la Présidence de la République, il eut le concours d'une bonne partie des républicains modérés et celui des partisans de tous les autres systèmes politiques. Ceux-ci, qui favorisèrent cette élection, se promettaient d'avoir en lui un mannequin qu'ils jetteraient aisément de côté, sitôt l'occasion venue de réaliser leurs projets. Ils se trompèrent comme se sont trompés ceux qui, le 24 Mai 1873, ont substitué à M. Thiers M. le Maréchal de Mac-Mahon. Ils cherchaient le triomphe de leurs partis respectifs et non le bien du Pays. Or, le Prince sauva la société de l'anarchie et inaugura pour la France une ère de prospérité inouïe en relevant parmi nous le trône de Napoléon Ier.

§ II. — GUERRE DE CRIMÉE

La guerre de Crimée fut entreprise dans un but national, sans doute ; mais l'attitude menaçante de la Prusse et l'insuffisance des forces militaires de l'Angleterre forcèrent le nouvel Empereur à prendre des ménagements et à renoncer en partie aux avantages de la victoire.

Cette guerre a amené l'abaissement de l'Autriche, qui cependant y fut étrangère. Elle a été la cause de tous les troubles politiques et de toutes les modifications territoriales survenues depuis en Europe ; et elle sera encore un principe de ruine pour la domination anglaise en Orient.

Si l'œuvre avait été complète, la paix de l'Europe était affermie pour longtemps. Par contre, la puissance russe, un instant entravée, n'a souffert nulle atteinte, et l'ambition du czar trouvera tôt ou tard une occasion, née fatalement des suites de cette guerre, d'arriver enfin au but que la politique de Saint-Pétersbourg fixe depuis si longtemps d'un œil de convoitise.

§ III. — GUERRE D'ITALIE

La guerre d'Italie est fille de celle de Crimée. L'Empereur avait trouvé la France sans alliance. Il était donc dans la nécessité d'en acheter au prix d'une intervention de nos armes en faveur des Gouvernements sur l'appui desquels il croyait, au besoin, pouvoir compter.

L'abstention de l'Autriche, pendant la guerre d'Orient, fut surtout cause que le but poursuivi par les alliés ne fut pas atteint. Cette faute devait causer la ruine de la prépondérance autrichienne en Allemagne et compromettre gravement l'avenir des puissances occidentales.

Pour punir les Hapsbourg au profit de la maison de Savoie, et pour se faire en même temps de celle-ci une sérieuse et reconnaissante alliée, l'Empereur Napoléon résolut d'arracher l'Italie à la domination autrichienne et de la constituer de telle sorte qu'elle fût à la fois un appui et une sauvegarde de nos frontières de l'Est.

Après nos victoires de Magenta et de Solférino, intervint le traité de Zurich, qui constituait la Péninsule italique en une Confédération dont le Pape devait être le Président.

§ IV. — UNITÉ ITALIENNE

Cette combinaison qui, en assurant aux Italiens des jours calmes et prospères, arrêtait le cours des révolutions, contrariait les vues ambitieuses du parti démagogique.

Ce parti sait que le Catholicisme enseigne les vrais principes d'ordre et d'autorité. Il voyait donc le jour de son triomphe indéfiniment ajourné par l'alliance nouvelle de la France et de Rome, et il redoutait l'influence salutaire et prépondérante que cette alliance permettrait au Gouvernement français d'exercer sur l'Univers catholique.

Aussitôt les sociétés secrètes, les sectes et les journaux anarchiques entreprirent une guerre acharnée contre le Pouvoir temporel du Pape, qu'ils présentaient comme illégitime et incompatible avec les intérêts de l'Italie.

L'opinion publique ainsi faussée ne tarda pas à se montrer favorable aux projets ambitieux du Piémont et à imposer une attitude passive au Gouvernement impérial, qui d'ailleurs avait dû se hâter, après Solférino, de faire la paix, devant les agitations que commençaient de causer en France les factions démagogiques.

Dès lors, Victor-Emmanuel, prétextant la nécessité de céder à la pression de son Peuple, foula aux pieds tous ses engagements ; et l'unité de l'Italie fut arrêtée et entreprise aussitôt, aux applaudissements de toutes les écoles socialistes et du parti républicain.

Depuis ce moment, tous les organes de la presse libérale et démocratique ont défendu, avec un acharnement sans exemple, cette malheureuse unification préparée par le Piémont à l'aide de la corruption et des complots révolutionnaires, commencée par la violation de tous les traités et par le mépris le plus inique du droit des gens, et menée enfin à terme par la perpétration de tous les crimes.

L'or du gouvernement de Turin trouva en France des écrivains qui saluèrent, avec enthousiasme, l'envahissement successif, par les armées piémontaises, des Duchés et des petits États italiens. O honte !!... Et ces écrivains, sans conscience et sans pudeur, justifièrent toutes les perfidies et toutes les turpitudes et firent l'apologie de tous les excès et de toutes les violences.

Les révolutionnaires italiens, tous les agitateurs de l'Europe et surtout les démocrates français, traitaient de brigands, dans leurs journaux et follicules, ceux qui s'organisaient en troupes armées, dans le royaume de Naples et ailleurs, pour défendre l'indépendance de leur Patrie.

Et hier, la France a vu les Prussiens traiter, comme on traite les brigands, ses paysans et ses francs-tireurs, armés pour défendre nos foyers.

Nos partis politiques, qui applaudissaient alors aux félonies et aux orgies sanglantes des soldats du roi galant-homme, ne se doutaient guère que bientôt une nation, sortie de l'unité italienne, viendrait, sous la conduite du pieux Guillaume, souiller le sol français de toutes ces mêmes horreurs qui, en Italie, commandaient leur admiration..... Quelle tristesse !!!

En ces jours d'aveuglement, de complaisances vénales et de honteuses fourberies, les stipendiés de l'étranger dans la presse française, les maîtres et le troupeau d'écrivains de la démagogie goûtaient une joie farouche à vomir l'insulte et l'outrage contre l'illustre général Lamoricière et contre cette généreuse et vaillante jeunesse française qui, armée pour le soutien du droit et de la justice, tomba sous des coups assassins à Castelfidardo, victime d'un infâme guet-apens, ourdi par les hommes atroces du Piémont.

« Et pourtant, fiers patriotes, hier encore, ces mêmes
« zouaves pontificaux, si longtemps honorés de vos sarcasmes,
« de vos mépris et de votre ironie la plus sanglante, ont su,
« en masse, sur nos champs de bataille, se montrer discipli-
« nés et valeureux, en affrontant une mort incapable d'ébran-
« ler leur courage de chrétien et de Français.

« Et pourtant, cet Empereur, contre lequel aujourd'hui vous
« ne pouvez vomir, au gré de votre haine, assez de turpitudes
« et de calomnies, avait, malgré vos railleries amères et insul-
« tantes, malgré vos protestations et vos menaces, organisé
« cette armée papale, la seule, hélas! qui ait volé au secours
« de la France et dont les soldats ont déployé, dans les plaines
« de la Loire, une valeur tellement héroïque, que vos généraux
« les ont proclamés *les premiers soldats du monde*.

« Ah! s'il avait aussi bien su résister toujours à votre fatale
« pression! s'il avait soustrait l'action de sa politique à votre
« influence pernicieuse! s'il vous avait maintenus dans votre
« impuissance des premières années de l'Empire! s'il avait
« fermé l'accès du pouvoir aux hommes sortis de vos rangs! sa
« dynastie serait encore inébranlablement assise sur le trône de
« France, et notre Patrie, grande et prospère, ne se trouverait
« pas réduite à la plus cruelle des extrémités! Il a commis la

« faute de vous avoir loyalement ouvert ses bras et de s'être
« laissé séduire par vos prétendus hommes d'État ! Il a commis
« la faute d'avoir voulu avec vous l'unité italienne, qu'il ac-
« cepta au détriment du Pouvoir temporel du Saint-Siége,
« dont la perte entraîne celle de la liberté et de l'indépen-
« dance que réclame le Gouvernement de l'Église universelle.
« Cette faute devait en amener d'autres et coûter bien cher à la
« France et à la dynastie impériale. »

§ V. — EXPÉDITION DU MEXIQUE

L'expédition du Mexique, dont les résultats furent compromis par le perfide abandon de l'Angleterre, qui entraîna la retraite de l'armée espagnole, porta une grave atteinte à l'influence de la France dans les régions d'outre-mer et démontra au Monde que la victoire ne marcherait pas toujours sous nos drapeaux.

Les États-Unis, pour se venger des sympathies que notre Gouvernement avait témoignées aux Sudistes pendant la guerre de sécession, nous montrèrent une attitude assez menaçante pour nous forcer à la retraite.

D'ailleurs, le parti républicain français, qui voyait avec peine l'établissement d'un Empire mexicain, avait jeté un complet discrédit sur cette expédition qu'il prétendait n'être qu'une satisfaction donnée à des intrigues dynastiques. Aussi, a-t-il toujours contesté la légitimité de cette guerre, la portée et la grandeur de nos succès militaires, et n'a-t-il cessé d'encourager, par son langage et par ses agissements, l'opposition des Américains et la résistance de Juarez.

Et quand le drame sanglant, qui fit jeter un cri d'horreur à tons les qeuqles civilisés, suivit le rapatriement de nos troupes, ce parti ne vit que de justes représailles dans l'horrible assassinat de l'empereur Maximilien.

Telles sont les causes qui firent avorter l'expédition.

L'établissement d'une monarchie au Mexique contenait l'extension dévorante des États-Unis dans ses limites naturelles, assurait à la politique française une influence sérieuse dans les affaires du Nouveau-Monde et évitait bien des complications pour l'avenir. Ces résultats n'ont pas échappé à la perspicacité du Cabinet de Washington, qui mit tout en œuvre pour les empêcher de se produire.

D'ailleurs, durant la guerre de sécession, le Gouvernement impérial dut arrêter l'élan de sa politique devant l'opposition de nos démocrates négrophiles.

Ces grands philanthropes soutenaient avec une ardeur séditieuse la cause des hommes du Nord qui, disaient ils, avaient pris les armes pour rendre au nègre la dignité humaine dont l'esclavage l'avait dépouillé, tandis que leur dessein inavoué était d'asservir les États du Sud et de briser tous les liens qui pouvaient les rattacher aux races latines d'Europe.

Si le Gouvernement français, donnant suite à sa volonté secrète et aux conseils de ceux qui voyaient le but réel de la guerre et ses conséquences futures, avait, au mépris des clameurs et des menaces du parti républicain, envoyé une flotte et une bonne armée de débarquement au secours des Séparatistes, ceux ci seraient sortis victorieux de la lutte et ils auraient pu constituer immédiatement un grand peuple que des intérêts communs nous donnaient pour allié.

Le succès complet de l'expédition du Mexique devait réparer cette première faute de la politique impériale et en arrêter les fâcheuses conséquences. Nous avons dit qui l'a fait échouer.

§ VI. — SADOWA

La Prusse, dont les visées ambitieuses étaient dirigées par un des plus habiles diplomates du siècle, s'était levée menaçante, après la bataille de Solférino, pour empêcher l'Empereur de rendre l'Italie libre, suivant sa promesse, de la Méditerranée à l'Adriatique. Elle voulait laisser sous la domination autrichienne la Vénétie et son fameux Quadrilatère, se réservant de les jeter plus tard en appât aux convoitises du Piémont pour en solder le concours dans la guerre prochaine qu'elle préméditait contre l'Autriche.

Le Cabinet de Berlin prodigua tous les sacrifices et toutes les promesses qui pouvaient lui gagner des apologistes et lui assurer le concours des sectes démocratiques pour contraindre, à tout prix, la France à garder une neutralité dont les conséquences devaient fatalement amener sinon la chute, du moins l'abaissement de sa puissance.

Ainsi, l'unification de l'Italie devait enfanter celle de l'Allemagne, avec le concours des mêmes hommes, des mêmes circonstances et des mêmes principes politiques, enseignés et propagés par la démocratie.

Le Gouvernement impérial, qui avait reconnu aux Italiens le droit de s'unifier, dut le reconnaître aussi aux Allemands.

En effet, les orateurs, surtout de la gauche, qui avaient déjà défendu à la Chambre l'unité italienne, défendirent aussi passionnément l'unité allemande. Tous les organes de la presse démocratique, en France et à l'étranger, ouvrirent d'abord les hostilités contre l'Autriche et poussèrent l'Italie à unir ses armes à celles de ce peuple qui, hier encore, foulait aux pieds nos foyers.

Et quand la Prusse fut entrée en campagne, quand le choc de Sadowa accula la Nation autrichienne aux bords de l'abîme, cette même presse libérale, semblable à une claque stipendiée, battit des mains avec frénésie, demandant à grands cris que le vainqueur scellât enfin à jamais le vaincu dans la tombe.

« Ah! Démocrates fameux! si la presse européenne encou« rageait naguère ces mêmes envahisseurs que vous encou« ragiez alors, si elle a tressailli d'aise au spectacle sanglant de « ces exploits de brigandage que vous veniez d'applaudir « ailleurs, avez-vous le droit de vous en plaindre, en ce jour « que vous êtes victimes? Et si l'Europe, qui vous doit ses « angoisses, ses troubles et ses malheurs, est restée, même au « mépris de sa sécurité et des intérêts de la justice et du « droit, spectatrice impassible de nos profondes calamités, « avez-vous raison de lui reprocher son abstention et de lui « faire un crime de vous avoir abandonnés à la rapacité sau« vage de vos vainqueurs? Non! mille fois non!!

« L'inspiration de votre langage et de votre conduite, ce « n'est certes pas dans le bien de la Patrie que vous êtes allés « la puiser : vous n'avez été mûs que par des préoccupations « de partis et de bas sectaires!

« Eh quoi! si ce n'est pas une infâme trahison, n'est-ce point « une folie furieuse d'encourager une entreprise qui met les

« flancs de la France entre deux mâchoires d'étau , en
« élevant à nos frontières deux nations compactes de soixante-
« dix millions d'habitants?

« Oui, vous avez perdu la patrie ! ! Quel crime ! ! ou du
« moins, quelle aberration ! ! Insensés ! ! Mais, si toutefois la
« leçon du malheur pouvait vous rendre sages ! ! Hélas ! !

§ VII. — LOI MILITAIRE

Cependant, les conseils n'ont pas fait défaut au Gouvernement pour l'engager à retirer la Nation du bord de l'abîme où l'avait menée la funeste politique soutenue avec tant d'ardeur par les princes de la démocratie.

La presse cléricale a constamment fait entendre des cris de détresse sur les malheurs que nous vaudrait, dans un avenir prochain, la satisfaction qu'on donnait à la dévorante ambition de la Prusse.

Cette astucieuse Puissance levait déjà le masque. Après avoir réduit sous sa domination les États dont elle avait formé la Confédération du Nord, elle mettait en jeu tous les ressorts de sa politique cauteleuse pour rallier à sa cause les Souverains de Bade, de Wurtemberg et de Bavière, et absorber ainsi, au profit de sa puissance, tous les peuples allemands.

Enfin, le danger a été reconnu. Le mal s'est montré dans sa béante profondeur, et il a fallu y apporter un sûr remède.

Pour le conjurer, l'Empereur voulut organiser les forces militaires de la Nation, et il réclama comme nécessaire la formation d'une armée de douze cent mille hommes.

Voici comment le *Moniteur*, dans son numéro du 11 Décembre 1866, annonça ce projet de loi :

« La commission présidée par l'Empereur vient de terminer
« ses travaux. Le projet de la réorganisation de l'armée va être
« envoyé au Conseil d'État..... Il se fonde sur cette considé-
« ration que pour *conserver son rang en Europe, la France*
« *doit pouvoir mettre sur pied une armée de huit cent mille*
« *hommes*..... Défalcation faite des exemptions légales, des
« pertes ordinaires, des déchets de toute nature, chaque
« classe, au bout de six années, donnera les résultats sui-
« vants :

Armée active................	417,483	soldats
Réserve du 1er ban.........	212,373	—
Réserve du 2e ban..........	212,373	—
Garde nationale mobile.....	389,986	—

Total..... 1,212,215 soldats.

L'opposition, M. Thiers à sa tête, accueillit le projet avec une hostilité tellement violente que l'opinion publique se prononça très-énergiquement contre son application. Devant une telle résistance, le Gouvernement dut se résoudre à lui faire subir de profondes modifications avant de le soumettre au Corps législatif.

Hélas ! les événements subséquents n'ont que trop justifié les motifs du projet.

Cependant, l'Empereur ne voulant pas laisser la France à découvert par l'abandon complet du projet, annonça, à l'ouverture de la session de 1868, que des modifications lui seraient apportées.

C'est ainsi que le Maréchal Niel présenta une nouvelle loi qui élevait l'effectif à huit, cent mille hommes, à l'aide de l'établissement de la garde mobile.

Cette loi fut adoptée ; mais les criailleries et les emportements des démocrates en rendirent *l'application absolument impossible*.

Il ressort en outre des débats que les membres de la gauche ne combattirent ce projet que pour arriver au renversement de l'Empire. On sentait que la guerre entre la France et la Prusse éclaterait dans un avenir prochain. Si donc ils mettaient entre les mains de l'Empereur des forces suffisantes pour écraser celles de l'Allemagne, la victoire devait reculer nos frontières et affermir la dynastie impériale sur le trône de France ; si au contraire ils ne lui laissaient que des forces minimes, un échec de nos armes entrainait nécessairement sa chute et leur triomphe.

Or, pour préparer cette dernière éventualité, les membres de la gauche, sous prétexte de ne pas augmenter la puissance impériale qui, d'après eux, devait s'accroître au détriment de la puissance du Pays, refusent non-seulement la création d'une armée active *de douze cent mille hommes*, mais encore un effectif *de huit cent mille*.

Ils vont demander *le maintien de la loi de* 1831 *et l'armement de la garde nationale*. Ils savent que la garde nationale, quand tous les citoyens sans exception ont été admis dans ses rangs, nous a toujours donné la révolution. Ils pensent donc qu'à l'aide des factieux armés, il leur sera facile, en cas d'échec de nos armes ou de succès médiocres, d'abattre le Gouvernement impérial.

Nous verrons en effet combien les événements du 4 Septembre accusent l'existence d'une conspiration de la gauche. D'ailleurs, le salut du Pays n'est qu'accidentel pour les démocrates ; ce qui leur importe surtout, c'est le triomphe de leur parti.

Les frères Picard n'ont-ils pas eu l'impudeur, en 1871, d'écrire dans leur journal l'*Électeur libre :* « NOUS PERDONS, IL EST VRAI, DEUX PROVINCES ET NOUS PAYONS CINQ MILLIARDS ; MAIS NOUS N'AVONS PLUS L'EMPIRE ! »—Et pourtant ces ignobles félons ont été comblés d'honneurs et appelés à occuper les postes les plus importants de l'administration et de la diplomatie ! — Quelle honte ! !

Mais hâtons-nous d'emprunter aux discours des **principaux orateurs qui ont pris part aux débats de la loi militaire les preuves les plus saillantes de nos assertions.**

Après la lecture du rapport, le 12 Décembre 1867, M. Jules Favre ouvre les débats par cette exclamation :
« La France encasernée ! »

Dans la séance du 19 Décembre, M. Jules Simon, depuis Membre du Gouvernement de la Défense nationale et ensuite longtemps Ministre de M. Thiers, prend ainsi la parole :

« Jamais Assemblée n'a eu à discuter une loi plus grave que
« celle qui est en ce moment soumise à vos délibérations...
« Vous savez, Messieurs, que le projet de loi que vous avez
« maintenant devant vous est un projet transformé... Je puis
« dire que le premier projet avait pour but principal de deman-
« der une force armée de 1,200,000 hommes... J'insiste, avant

« de passer outre, sur *l'énormité du chiffre demandé* :
« 1.200,000 *hommes !*...

« Maintenant, après des transformations considérables,
« dues à l'opinion publique, au zèle des membres de la com-
« mission, à des concessions faites par le Gouvernement, on
« en est venu à un projet qui, suivant M. le rapporteur, se
« rapproche de bien près de la loi de 1832... Pourtant nous
« l'avons entendu déclarer (le Gouvernement) qu'il voulait avoir
« un complet de 800,000 hommes, divisés en deux parties
« égales (l'armée active et la réserve). La commission offre
« pour toute consolation à la réserve qu'elle ne pourra être
« appelée qu'en cas de guerre et par un décret impérial...
« Qu'il me soit permis de dire que le chef de l'État, décidant
« d'une façon absolue de la paix ou de la guerre, *nous pouvons*
« *souhaiter de ne laisser à sa discrétion, dans le cas où il la*
« *déclare, qu'un nombre aussi restreint que possible de nos*
« *concitoyens*. (Très-bien, à gauche de l'orateur)... Enfin,
« Messieurs, le projet de loi est une *aggravation*, dirai-je, *de*
« *la toute-puissance impériale*, parce que le pouvoir absolu
« que l'Empereur exerce pour faire la paix ou la guerre pèsera
« sur un plus grand nombre de soldats qu'aujourd'hui. Voilà,
« Messieurs, les aggravations qu'on nous propose... Il n'y a
« pas encore bien longtemps, c'était en 1857, le chef de l'État
« s'adressant aux Chambres, leur disait qu'il *fallait arriver*,
« *pour maintenir la situation de la France en Europe, pour*
« *maintenir sa dignité, son importance et son influence, à un*
« *complet de* 600,000 *hommes.* Nous trouvions déjà cela exces-
« sif ; et voilà qu'à présent, au lieu de 600,000 hommes, on
« nous parle de 800,000 hommes ; et quand on parle de
« 800,000 hommes, on sous-entend qu'il y aura encore
« 100,000 hommes de garde mobile ! »

« Mais qu'est-il donc arrivé ? Quelle est la politique qui

« nous a conduits là ? Quel est le système de gouvernemen
« qui nous coûte si cher ? (Mouvements en sens divers).

MM. Glais-Bizoin et Ernest Picard. — « C'est le fruit du
« gouvernement personnel. (Murmures).

« .... Pour moi, continue M. Jules Simon, je ne suis pas de
« ceux qui croient cette guerre très-prochaine : *personne,* A
« MON AVIS, *n'y a intérêt...* je suis de ceux qui pensent que
« l'*Allemagne complétement unie* sera moins redoutable pour
« vous que la Confédération du Nord soumise à l'hégémonie
« de la Prusse. Je comptais sur *les tendances démocratiques*
« *qui ne manquent pas de se faire jour dans un parlement ordi-*
« *ment allemand.* — Je suis convaincu que dans l'Allemagne,
« complétement *unifiée,* vous trouverez des *sympathies qui*
« *aujourd'hui vous font défaut...* (Ce ne sont pas les nombreu-
« ses armées qui gagnent les batailles). Et quant au soldat lui-
« même, si vous ne regardez que lui, 'qu'est-ce' qui fait le
« soldat ?... Ce qui fait le soldat indomptable, c'est la cause
« qu'il soutient... Voilà les événements de Sadowa qui, l'an-
« née dernière, ont trompé les prévisions des puls habiles
« généraux. Eh bien, je suis allé sur les lieux (Ah ! ah !) étu-
« dier les causes morales de la victoire, et en voici une preuve
« que je vous apporte: c'est qu'il y avait dans certaines par-
« ties de l'armée autrichienne *comme un sentiment inconscient*
« *de l'utilité pour elle* D'ÊTRE VAINCUE. (Réclamations et mur
« mures). Et quand je leur ai dit : Vous paraissez vous plain-
« dre de n'avoir pas été assez battus à Sadowa, il y en a qui
« m'ont répondu : Oui ! (Nouvelles rumeurs)... Ceux dont je
« parle voyaient d'une part la *patrie autrichienne,* et de l'au-
« tre la PATRIE ALLEMANDE ; ici la *maison de Habsbourg,* là les
« ESPÉRANCES DE LA LIBERTÉ... Oui! Messieurs, *il n'y a qu'une*
« *cause qui rende une armée invincible; et malheureusement*

« *cette cause n'est pas celle que nous défendons en ce moment* ;
« *cette cause*, C'EST LA LIBERTÉ ! (Très-bien ! Très-bien ! à
« gauche). Oui, cette grande cause *nous fera une* INVINCIBLE
« ARMÉE. Hors de là, malgré le courage des enfants de la
« France, malgré leur héroïsme, si vous voulez, vous n'aurez
« avec toutes vos lois que des agglomérations plus nombreuses
« de sôldats et plus de poitrines à offrir aux fusils Chasse-
« pot ! » (Approbation et applaudissements à gauche).

Et ne faut-il pas se voiler la face, en songeant que de telles
stupidités, qui devaient causer tant de malheurs à la Patrie,
ont eu leur jour de triomphe, et qu'elles ont élevé leur auteur
aux plus hautes fonctions de l'État ! Quelle humiliation pour
la France !

Dans la séance du lendemain 20 Décembre 1867, M. le
Comte de La Tour (impérialiste) prend la défense de la loi.

« ... Il me semble évident, dit-il, que la situation politique
« et militaire de l'Europe nous contraint d'augmenter nos
« forces militaires..... *C'est la Prusse qui devient notre*
« OBJECTIF CAPITAL.
« Voyons donc quelle est la force militaire de l'*Allemagne*
« *prussianisée*, voyons comme elle organise son armée.
« L'effectif des armées allemandes..... est fixé..... à
« trois cent mille hommes pour le Nord germanique, et à
« quatre-vingt-six mille pour le Sud ; ce qui fait trois contin-
« gents d'environ cent vingt-huit mille hommes chacun.....
« Chacun de ces contingents est astreint à un service obliga-
« toire de douze ans..... Dans le Sud le service est organisé
« d'une **manière** à peu près analogue ; de sorte que, au bout
« de douze ans, l'Allemagne prussianisée doit disposer de

« plus d'un million cinq cent mille hommes sur le papier, et,
« après déduction faite des non-valeurs, il restera au Nord,
« d'après le calcul des journaux militaires prussiens, huit
« cent quarante mille soldats et sous-officiers combattants, et
« trente-huit mille officiers.

« Or, comme le Sud s'est engagé, par les conventions mi-
« litaires faites avec la Prusse, à lui fournir, en cas de guerre,
« cent soixante mille combattants, l'effectif dont la Prusse
« disposera, une fois l'organisation militaire devenue com-
« plète, sera *d'un million cent mille soldats et sous-officiers*
« *combattants*, non compris les officiers.....

« Cette force agressive si considérable ne m'inquiète pas
« pour notre Pays..... *Mais il est évident que la France,*
« *pour conserver sa grande position européenne,* EST OBLIGÉE
« DE SUIVRE L'EXEMPLE DES AUTRES NATIONS, GRANDES OU
« PETITES, *qui accroissent toutes leurs forces militaires.*

« Ainsi, l'Autriche, malgré ses embarras financiers, vient
« d'adopter un système..... qui doit lui permettre d'opposer
« à ses redoutables voisins de l'Ouest et du Nord une masse
« disponible de huit à neuf cent mille soldats....

« La Russie, d'après ses journaux, serait en mesure de mo-
« biliser de seize à dix-sept cent mille hommes.

« La malheureuse Italie elle-même..... s'efforce d'orga-
« niser une armée de cinq à six cent mille hommes.

« Toutes les puissances secondaires, sans aucune exception,
« augmentent leurs forces militaires dans les mêmes propor-
« tions.

« Il est donc de toute évidence que la situation a été consi-
« dérablement modifiée depuis un an, au point de vue de la
« nécessité de la défense militaire de notre Pays, *et que nous*
« *sommes obligés d'accroître nos moyens de résistance, d'in-*
« *fluence et d'action.* Il faut pour résister que nous puissions :
« premièrement, opposer à l'ennemi, dans une guerre conti-

« nentale, *une force réelle de sept cent mille soldats;* secon-
« dement, *organiser une garde nationale mobile*, destinée à
« occuper, en cas de guerre, les côtes, les places fortes, les
« camps retranchés et les villes principales, de manière à pou-
« voir utiliser et porter en avant la presque totalité de nos
« sept cent mille hommes..... Messieurs, plusieurs journaux
« de ce pays, qui, quoique imprimés en France, se mépren-
« nent quelquefois sur les intérêts de la France, nous mena-
« cent journellement de la rancune du corps électoral, si
« nous votons la loi. On fait injure au patriotisme de la
« Nation. Mais quand bien même cela serait vrai, quand bien
« même nous devrions nous attendre à des injures, ce qui n'est
« pas exact, je dirais encore : *Votons la loi et assurons avant*
« *tout la* FORCE *et la* SÉCURITÉ *de la France.* » (Très bien !
Très bien !)

M. le Colonel Réguis (impérialiste) dit à son tour :

« Vous savez ce qu'est la Prusse, son souverain vous le dit :
« c'est un peuple en armes, et vous avez vu avec quelle rapi-
« dité elle a porté son armée au chiffre de huit cent mille
« hommes dans sa guerre contre l'Autriche. Aujourd'hui.....
« ce n'est plus huit cent mille, mais un million à un million
« deux cent mille, peut-être plus, *qu'elle pourrait mettre en*
« *ligne contre nous*, si nous étions en guerre avec elle ; et ces
« masses de troupes ne seraient pas sur le Rhin, mais sur *la*
« *Moselle, c'est-à-dire à moins de cinquante lieues de Paris.*
« D'un autre côté, nous avons contribué puissamment à
« former sur notre flanc droit, de l'autre côté des Alpes, une
« nation de plus de 25 millions d'âmes. L'aurions-nous pour
« alliée ? l'aurions-nous pour adversaire ? *Je ne crois pas que*
« *la France puisse compter sur une franche reconnaissance de*

« *cette nation*, et j'engagerai toujours mon pays à se mettre
« en garde, même de ce côté..... Mais quel que soit le sys-
« tème que vous adopterez .... ce que vous voulez toujours,
« c'est d'augmenter les forces défensives de la France. »

M. Magnin, plus tard Ministre du Gouvernement du 4 Septembre :

« Messieurs, dit-il, il n'y a pas eu depuis longtemps de
« projet de loi qui *ait ému aussi profondément, aussi universel-*
« *lement le pays que celui qui est actuellement en discussion...*
« Il a pour conséquence d'élever notre état militaire de
« 600,000 hommes à 1,221,000... Ainsi, Messieurs, l'inquié-
« tude est dans tous les esprits, la confiance n'est nulle part...
« C'est la présentation de ce projet de loi militaire qui trouble
« les esprits, enlève la confiance et jette chacun dans de
« cruelles perplexités. (Assentiment à gauche de l'orateur).
« *Oui*, Messieurs, *il n'y a que l'armement général du pays,*
« alors que nous serions menacés par l'étranger, *qui pourrait*
« *le rejeter hors de nos frontières ;* l'histoire nous en offre des
« exemples.
« *Je repousse donc la loi* parce qu'elle est une surcharge impo-
« sée à la population ; je la repousse, parce qu'elle est anti-
« démocratique, anti égalitaire, et laissez-moi espérer que
« les mandataires du suffrage universel ne voteront pas un
« accroissement de charges aussi considérable. (Vive appro-
« bation sur les bancs à gauche de l'orateur).

M. Gressier (impérialiste), rapporteur... — « Je crois, Mes-
« sieurs, la loi nouvelle, appliquée à un même chiffre d'années,
« plus avantageuse au point de vue militaire; et pour les popula-

« tions, je la crois plus propre que la loi actuelle à assurer au
« pays des ressources militaires plus grandes sans augmenter
« sensiblement la charge pour la population, sans aggraver le
« budget ; *je crois qu'elle permettra aussi de maintenir à la*
« *France son rang dans le monde* en donnant surtout à son
« armée l'appui d'une garde nationale mobile sous les condi
« tions que j'ai eu l'honneur d'exposer à la Chambre. »

M. Ernest Picard, d'abord Membre du Gouvernement du
4 Septembre, et puis Ministre plénipotentiaire de M. Thiers
à Bruxelles, prend ainsi la parole :

« ... Quelle est donc la loi qui nous est proposée et dans
« quelle circonstance vient-elle ? Nous savons tous que c'est
« au lendemain de la bataille de Sadowa, qui a trompé bien
« des prévisions, qu'on a compris la nécessité de modifier
« notre organisation militaire... Depuis notre entrée dans cette
« Chambre, nous avons discuté — quelquefois avec oppor-
« tunité — la question des contingents... Nous avons *supplié*
« *le Gouvernement de revenir au contingent de* 80,000 *hommes,*
« nous avons essayé de démontrer que des contingents supé-
« rieurs étaient trop lourds pour la France et nuisibles à la
« population. »

« ... Vous ne pourrez pas même, à l'aide de l'armée que
« vous rassembleriez en vertu de la loi nouvelle, être sûrs de
« donner toute satisfaction aux exigences du pays?

« La guerre ? Est-ce que vous pouvez la mesurer d'avance ?
« Est-ce que si le pays était menacé de toutes parts, non-seule-
« ment par un État voisin ayant une population égale à la
« sienne, mais par une coalition, *est-ce que ce n'est pas le*
« *pays tout entier que vous devriez appeler ? Est-ce que ce ne*

« *serait pas le devoir rigoureux de tous les citoyens d'accourir*
« *à sa défense ?* (Approbation à la gauche de l'orateur).

« *Mais ce système, en vérité inadmissible, qui consiste à*
« *mettre à la disposition du pouvoir exécutif un certain nom-*
« *bre d'hommes, est un système* BATARD QUI NE PEUT SERVIR
« EN AUCUNE CIRCONSTANCE...

« S'il s'agit d'une guerre dans laquelle le pays soit engagé,
« c'est au pays même qu'il faudra avoir recours... Vous vou-
« lez augmenter les ressources militaires de la France ; pour
« les augmenter, vous voulez appeler sous les drapeaux un
« plus grand nombre d'hommes ! Mais fatalement vous êtes
« obligés de reconnaître que ce que vous donnez de force
« militaire au drapeau en augmentant le nombre des hommes,
» vous l'enlevez au pays en diminuant la force de production...
« Si vous voulez avoir sous vos drapeaux une armée de
« 800,000 hommes et, avec la garde mobile, de 1,200,000 hom
« mes, il faut renoncer à ce que vous donnera le travail, il
« faut renoncer à dégrever vos finances, il faut renoncer à
« faire ce qui constitue une partie essentielle de la défense du
« territoire et de la force militaire du pays, il faut renoncer à
« pouvoir faire tous les sacrifices qu'elle peut exiger ; il faut
« renoncer à tout cela Qui pourra faire *le compte de ce que*
« *vous aurez gagné d'un côté et perdu de l'autre ?... Je vous*
« *conjure, dans l'intérêt de la France,* DE REPOUSSER CE PRO-
« JET DE LOI *et je voudrais qu'on ne passât pas à la discussion*
« *des articles.* »

Aujourd'hui l'illustre Picard *pourrait* aisément *faire le
compte*, A QUELQUES MILLIARDS PRÈS, *de ce qu'on a gagné d'un
côté et perdu de l'autre* EN L'ÉCOUTANT. Peut-être même l'ha
bile calculateur parviendrait-il à déterminer fort exactement,
par corollaire *morganatique*, ses *pertes et profits personnels...*

Ma foi! Nous croyons que cela ne manquerait pas d'un certain intérêt !!

M. Jules Simon (23 Décembre). — « .... Nous avons dé-
« posé, l'année dernière, un amendement... que je résume
« dès à présent par les deux propositions suivantes :
    « SUPPRIMER LES ARMÉES PERMANENTES ;
    « ARMER LA NATION ENTIÈRE. »

Voix à gauche de l'orateur. — « C'EST CELA. »

M. Jules Simon : « Je puis laisser de côté les détails, car
« notre amendement est un plagiat ; nous l'avons pris, avec
« quelques modifications, dans la constitution helvétique...
  « La difficulté, pour moi, ne consiste pas *à montrer combien
« il serait utile de* SUPPRIMER L'ARMÉE PERMANENTE. Sur ce
« point tout le monde est universellement d'accord. »
  « ..... Telle est notre proposition.... Il manque pourtant
« quelque chose à notre armée *ainsi conçue :* c'est *l'esprit
« militaire,* je le reconnais tout le premier. *Cette armée est une
« armée de citoyens qui se réunissent pour* DÉFENDRE LE PAYS
« *et* POUR MAINTENIR L'ORDRE. Ce n'est à aucun degré *une
« armée de soldats... L'esprit militaire est un esprit* ARTIFI-
« CIEL... C'est pour cela précisément qu'au lieu d'une armée
« imbue d'esprit militaire, *nous voulons avoir une armée de
« citoyens qui soit* INVINCIBLE CHEZ ELLE et hors d'état de
« porter la guerre au dehors... » (Approbations à la gauche de
l'orateur.)

M. Garnier Pagès. — « Le militarisme est la plaie de l'épo-
« que. »

M. le baron Vast-Vimeux. — « Il n'y pas d'armée sans esprit
« militaire. »

M. Jules Simon. — « S'il n'y a pas d'armée sans esprit mili-
« taire, *je demande que nous ayons une armée qui n'en soit pas
« une.* »

M. Eugène Pelletan. — « Pas d'armée prétorienne. »

M. Jules Simon. — « Quant à moi, Messieurs, moi partisan de
« la paix, savez vous ce que j'ai au fond du cœur ? C'est que,
« s'il fallait choisir entre une grande guerre, suivie de la paix,
« et cette paix armée dont vous parlez... *Oui, j'aimerais
« mieux une grande guerre que* LA PAIX ARMÉE... Je le dé-
« clare donc, *la loi que vous nous présentez* EST LA PIRE DES
« LOIS... Nous demandons avec la dernière énergie qu'ON
« ADOPTE NOTRE CONTRE PROJET, car avec lui la France *sera*
« INVINCIBLE CHEZ ELLE, *à l'abri* de L'INVASION ; *elle n'aura à
« craindre ni* ENVAHISSEURS DU DEHORS *ni* PRÉTORIENS DU DE-
« DANS. Nous demandons que *la nation soit armée tout entière,
« que l'armée permanente soit à jamais supprimée...* »

S. Exc. M. le maréchal Niel. — « Messieurs, ce qu'on vient de
« vous proposer, c'est d'armer la nation sans l'organiser et de
« supprimer l'ARMÉE PERMANENTE... Dans le cas où la France
« serait exposée à une agression... *on aurait recours à la
« levée en masse...* Le maréchal Gouvion Saint Cyr, qui,
« pendant toute sa carrière, n'a cessé de se préoccuper de cette
« pensée, formulait ainsi l'opinion qu'un tel système avait
« laissée dans son esprit : « *La levée en masse n'a servi qu'à*

« *l'ennemi. Ces hommes qu'on nous envoyait sans* AUCUNE
« ORGANISATION, ÉPUISAIENT LE PAYS OU ILS PASSAIENT, *se*
« *jetaient sur notre armée et y semaient* L'INDISCIPLINE. ...
« *C'est un grand malheur d'avoir besoin de la levée en masse,*
« PLUS GRAND MALHEUR EST CELUI DE S'EN SERVIR. »

M. Jules Favre. — « Messieurs, si vous voulez que l'EUROPE
« VOUS APPRÉCIE, si vous voulez que le travail reprenne en
« France... sortez de la voie où vous êtes entrés, *repoussez .*
« *le projet de loi...* »

Séance du 27 Décembre 1867.— S. Exc. M. Rouher, Ministre
d'État :

« J'ai à vous démontrer la nécessité du chiffre de 800,000
« hommes.... Messieurs, à l'époque (de la guerre de Crimée)
« le chef de l'État a acquis la conviction que les contingents
« de 80,000 hommes... étaient insuffisants pour une grande
« guerre, et il vous a demandé alors des contingents de 100,000
« hommes...
« Savez-vous quel était le chiffre de l'armée française au
« commencement de la guerre d'Italie ? Il était de 639,000
« hommes... Sur ces 639,000 hommes, combien sont entrés
« en Italie ? 229,000... Sur cette masse armée de 229,000 hom-
« mes, il y en avait 122,700 qui n'ont pas pris part à la ba-
« taille de Solférino, laquelle a été livrée à l'aide de 107,000
« combattants... Donc, par cet exemple que je ne veux pas
« développer... je démontre qu'en 1859, une armée de 639,000
« hommes a pu présenter en bataille, au champ de Solférino,
« 107,000 combattants. C'est là un enseignement qu'aucun
« homme sérieux ne saurait perdre de vue.

« Et maintenant faisons la comparaison des forces des puis-
« sances étrangères..... En dehors des gardes nationales, l'Italie
« peut mettre sous les drapeaux 900;000 hommes..... L'Au-
« triche, elle aussi, a reconstitué son état militaire..... Ses
« forces militaires, indépendamment de la garde nationale.....
« s'élèveront, la loi appliquée, à 1,200,000 hommes sous les
« drapeaux.

« ...L'effectif ou pied de guerre de la Russie, peut s'élever...
« à 1,440,000 hommes.

« ... La Confédération du Nord s'est constituée, elle a voté
« sa loi militaire, il y a deux mois à peine, à la fin d'Octo-
« bre 1867... Quel est l'effectif produit par cette organisation
« militaire, par cette loi qui a été votée dans la Confédération
« du Nord' en 48 heures?

« L'*effectif est de* 1,300,000 *hommes*, et je ne parle pas ici
« des traités d'alliance offensive et défensive qui ont pu être
« faits avec tel ou tel État de l'Allemagne ; je reste dans l'orga-
« nisation exclusive de l'armée de la Confédération du Nord ;
« *son armée est, je le répète, de* 1,300,000 *hommes,* et lorsque
« nous venons vous demander, tant en armée active qu'en ré-
« serve 800,000 hommes... »

M. Garnier-Pagès. — « Avec la garde nationale mobile ? »

M. le Ministre. — « Je vous demande pardon, monsieur Gar-
« nier-Pagès, et je vous remercie de l'interruption. J'ai voulu
« établir une comparaison entre les armées de France et les ar-
« mées des autres nations. Je n'ai jamais compris dans mes
« chiffres les gardes nationales mobiles de l'Italie, de la Russie,
« de l'Autriche et de la Prusse..... C'est donc un chiffre de
« 800,000 hommes qu'il s'agit de comparer au chiffre de la
« puissance militaire de telle ou telle autre nation. Je ne viens
« pas vous présenter des considérations politiques, je ne cherche

« pas à alarmer mon pays, à supposer des coalitions entre telle
« ou telle puissance. *Si une coalition se produisait, la France*
« *aurait des alliés.* J'examine la seule hypothèse de la lutte
« engagée entre la France et une autre puissance continentale.
« Or, quelle que soit l'éventualité qui se produise, *je maintiens*
« *que c'est faire un fonds sérieux sur le courage éprouvé de nos*
« *soldats et sur la puissance de nos armes, que de calculer*
« *qu'une forcemilitaire de la France de* 800,000 *hommes* POURRA
« RÉSISTER PARTOUT ET EN TOUT TEMPS *à une armée de* 12 *et*
« 1,300,000 *hommes.* »

Séance du 31 Décembre 1867. — M. le Maréchal Niel. —
« ... Réfléchissez, Messieurs, *à la rapidité avec laquelle les*
« *troupes se transportent aujourd'hui; c'est là* LE DANGER DE
« NOTRE ÉPOQUE; *et si l'on ne veut pas être* SURPRIS, *il est*
« INDISPENSABLE *d'avoir constamment tous ses moyens* PRÉ-
« PARÉS D'AVANCE... *Ce qu'il faut* (au moment du danger)...
« *c'est cette garde nationale mobile* TOUTE FAITE, PRÉPARÉE
« D'AVANCE, ET PRÊTE A MARCHER *au premier signal...* »

M. THIERS. — « ... Il n'y a qu'une opinion ici, comme il n'y
« aura qu'une opinion dans le pays; car une armée active,
« quelque nombreuse qu'elle fût, ne pourrait pas y suffire, si
« la nation elle-même ne venait à son secours... *Il est impos*
« *sible en effet qu'une* ARMÉE ACTIVE *puisse suffire à la tâche,*
« *si on lui laisse la charge de tous les services intérieurs.....*
« *On a donc été de cet avis en* 1831 *et* 1851 et on a voulu que
« la garde nationale mobile fût l'auxiliaire de l'armée active. »
« *On avait entendu que la nation entière... serait mise à la*
« *disposition du pays tout entier* et que les conseils de recru-
« tement, organisés avec beaucoup de raison, à mon avis, choi-

« siraient... partout où il y aurait des hommes bien disposés...
« (Ainsi)... *on pouvait fournir des ressources immenses*, BEAU-
« COUP PLUS RÉELLES *que* CELLES *que vous trouverez dans ce*
« *reste de contingent* que vous entendez retenir au service pen-
« dant cinq ans. Et je vous citerai en effet un exemple. Quelles
« ont été les troupes qui ont le plus vaillamment combattu
« dans la déplorable et désastreuse campagne de 1813? Ce sont
« justement ces cohortes qu'on avait réunies, enrégimentées,
« jointes à l'armée active, par le procédé que j'indique, celui
« des conseils de recrutement locaux... *Je le dis franchement*
« *devant mon pays*, JE NE SUIS PAS PARTISAN DE CETTE LOI,
« *parce que je crois qu'elle inquiètera les populations*, QUOI
« QU'ON PUISSE DIRE ICI, *et qu'en même temps, au lieu de ren-*
« *forcer l'armée*, ELLE L'AFFAIBLIRA... »

M. Paul Bethmont prend la parole en faveur de l'organisation de la garde nationale, au moment de la guerre, lorsqu'il
est ainsi interrompu par M. Millon (impérialiste) :

« *Je dis que, dans les conditions actuelles de la circulation*
« *par les chemins de fer, avant que vous n'ayez organisé cette*
« *force nationale et que vous l'ayez* RÉUNIE, *si, ce qu'à Dieu ne*
« *plaise! notre vaillante armée venait à éprouver* UN REVERS,
« L'ENNEMI SERAIT A PARIS...

« J'accepte d'autant mieux l'interruption, réplique M. Beth-
« mont, qu'elle ne provient, de la part de l'honorable interrup-
« teur, que d'une crainte patriotique... *Eh bien, je dis que*
« *l'article 11 et l'article 5, tels qu'ils sont proposés par le Gou-*
« *vernement, me paraissent* DEVOIR ÊTRE REJETÉS...ILS ARMENT
« LE GOUVERNEMENT *et* N'ARMENT PAS LA NATION... (Il faut les
« rejeter et ne pas mettre) *entre les mains du Gouvernement*
« *une force de garde nationale de 480,000 hommes...*

M. Ernest Picard. — « Ce que nous savons, nous, c'est
« qu'une fois de plus, comme le disait très-bien et comme avait
« le droit de le dire mon honorable collègue et ami M. Beth-
« mont, *le projet de loi* n'arme pas la nation, *mais il arme le*
« *gouvernement*, en ce sens que le gouvernement, comme nous
« l'avons répété, pourra faire la guerre *sans songer à cette ré-*
« *serve immense qui se compose de la totalité de la nation et* qui
« seule pourrait faire dans les temps de crise sa force. »

« Nous ne pouvons, en présence de cette loi, qui est ju-
« gée plus sévèrement au dehors encore qu'elle ne l'est ici (lé-
« gères rumeurs), *qu'exprimer cet étonnement suprême* qu'un
« Gouvernement qui a dans son histoire Waterloo *ne songe pas*,
« pour défendre le pays, *à autre chose qu'à* des armées per-
« manentes. » (Oh ! oh ! Très-bien ! très-bien, à gauche de
« l'orateur).

M. le baron Benoist (impérialiste).— « Il y a dans les po-
« pulations des départements frontières un sentiment d'instinct
« qui ne les trompe pas : *c'est que la situation de la France, par*
« *suite de la construction des chemins de fer et des modifica-*
« *tions dans la tactique et l'armement*, est modifiée *du tout au*
« *tout en ce qui concerne l'état militaire des* pays étrangers.
« Eh bien, toutes ces populations nous ont chargés de venir ré-
« clamer de la Chambre et du gouvernement *une protection sé-*
« *rieuse contre les* dangers éventuels :. *Des guerres défensives*
« *sur le territoire de la France, ce sont* des jours de malheur et
« de deuil ; des guerres défensives, nous n'en voulons à aucun
« degré..... On a dit *que la loi de* 1831 donnait au pays *une*
« *garde nationale plus sérieuse que celle que pourra lui fournir*
« *le projet actuel.....* il ne faut pas comparer 1867 a 1831...
« *A présent, tout est changé. Il faut aussi* changer la loi...

« *C'est ce que nous demandons.* Nous voulons *une garde natio-*
« *nale mobile sérieuse.....* »

« Je demande donc à la Chambre qu'elle discute l'article 5 et
« qu'elle le vote ; elle fera ainsi quelque *chose de patriotique,*
« *quelque chose qui lui méritera la reconnaissance de la na-*
« *tion.* » (Vive approbation.)

M. THIERS. — « Notre honorable collègue, M. de Benoist,
« disait : « Mais nous ne voulons pas que nos provinces fron-
« tières soient envahies. » Il a bien raison. Je ne suis pas par-
« tisan de ce qu'on appelle la guerre défensive. (Très-bien).

« Pour moi, il n'y a qu'une guerre. On porte à son ennemi,
« le plus vite et le plus énergiquement qu'on peut, des coups
« décisifs, et on ne passe à la guerre défensive que quand on
« n'a pas été heureux dans l'autre.

« Je ne suis donc pas partisan de la guerre défensive, car
« c'est une guerre timide, qui ne réussit guère, qui n'est ad-
« missible que lorsqu'on n'en peut faire une autre, et qui ne
« va pas d'ailleurs au caractère français. (C'est vrai.)

« Mais il y a ici une chose qu'on oublie. On dirait qu'il n'y
« a que la garde nationale pour défendre le pays et que, *la*
« *garde nationale mobile n'étant pas* CONSTITUÉE, LA FRANCE
« EST DÉCOUVERTE...

« Je vous le demande, à quoi servirait donc cette admirable
« armée active qui nous coûte 4 à 500 millions par an ? Vous
« supposez donc qu'elle sera *battue dès le premier choc* et *que*
« *la France sera* IMMÉDIATEMENT DÉCOUVERTE ?... (Non ! non !
« réclamations diverses.)

« *On vous présentait l'autre jour des chiffres de* 1,200, *de*
« *1,300, de 1,500,000 hommes. comme étant ceux que les dif-*
« *férentes puissances de l'Europe pouvaient mettre sur pied :*
« on vous parlait même de 900,000 pour l'Italie !

« Je ne dis pas que ce soit sur ces chiffres qu'ait été fondé
« votre vote ; mais enfin, ils vous ont fait éprouver, quand on
« vous les a cités, une imprèssion fort vive. EH BIEN, CES CHIF-
« FRES LA SONT PARFAITEMENT CHIMÉRIQUES. Il faut se placer
« dans la réalité des choses..... La Russie, selon M. le ministre
« d'État, nous présenterait 1,500,000 hommes ! La Prusse,
« 1,300,000 ! Et l'Italie 900,000 ! *Mais, je le demande, où
« a-t on vu jamais* CES FORCES FORMIDABLES ?

« Lorsque nous étions eu Crimée, combien la Russie a-t-elle
« amené en ligne ? Pas 300,000 hommes. Et la Prusse, com-
« bien a-t-elle porté d'hommes en Bohème, où était le théâtre
« décisif des événements de 1866 ? 330,000 hommes environ.
« Et l'Italie, combien a-t-elle porté d'hommes à Custozza ? A
« peine 180,000 hommes, en réunissant les forces des deux ar-
« mées qui ont agi au delà du Pô ! »

« C'EST QUE, Messieurs, IL NE FAUT PAS SE FIER A CETTE
« FANTASMAGORIE DE CHIFFRES *qui sont étalés aujourd'hui
« dans toute l'Europe.* Sans doute il y a une funeste impul-
« sion vers les armements exagérés ; je la déplore comme
« vous ; *mais il ne faut pas cependant nous présenter comme*
« RÉELS DES CHIFFRES QUI SONT TOUT A FAIT CHIMÉRIQUES.
« Car, enfin, *si ces chiffres étaient* VRAIS, il faudrait désespé-
« rer du sort de la France.

« Comment ! L'Italie aurait 900,000 hommes à nous oppo-
« ser ! *La Prusse en aurait* 1,300,000 ; ce qui ferait 2,200,000
« soldats sous les armes entre ces deux puissances ! ALLONS
« DONC ! CE SONT LA DES FABLES *qui n'ont jamais eu* AUCUNE
« RÉALITÉ. (Approbation sur plusieurs bancs.)

« *Et je le dis, parce qu'il faut enfin* RASSURER *notre pays. Il
« ne faut pas que les paroles qui sont prononcées ici lui per-
« suadent qu'il est dans des* PÉRILS TELLEMENT EFFROYABLES...
« Car ce serait chose effroyable de penser que nous pouvons
« avoir 2,200,000 soldats sur les bras.

« Eh bien, quand nous voyons que l'armée que nous pour-
« rions présenter à l'ennemi serait de 540,000 hommes, avec
» sept ans de service... *Je dis que la France aurait le temps de*
« *respirer derrière une aussi puissante armée...* (Marques
« d'adhésion sur plusieurs bancs). *Et j'ai la confiance,* MOI,
« *que cette armée donnerait le temps à la garde nationale mo-*
« *bile* DE S'ORGANISER.

« Et maintenant, est-ce que c'est donc une chose si difficile
« que d'organiser la garde nationale mobile?

« Mais vous vous méfiez beaucoup trop de votre pays,
« beaucoup plus qu'il ne faudrait. Le principe sur lequel ont
« été basées les lois de 1831 et de 1851, ce principe a été
« celui-ci : *C'est qu'au moment de la guerre,* GRACE A LA
« NATURE DE NOTRE PAYS, *il s'allume sur-le-champ* UNE VIVE
« ARDEUR DANS TOUS LES CŒURS,.. et je suis convaincu qu'*en*
« *se servant de cette disposition sans l'avoir* FATIGUÉE D'AVANCE
« *par des* EXERCICES PUÉRILS ET INUTILES... (Très bien!...
« c'est cela! sur plusieurs bancs autour de l'orateur), *vous*
« *trouveriez un zèle dont vous pourriez tirer* GRAND PARTI.

« Apparemment la France est aussi bien militaire que l'Ita-
« lie. Eh bien! n'avez vous pas, il y a trois ou quatre ans, vu
« l'Italie organiser avec une rapidité extrême vingt, trente
« bataillons de garde nationale mobile, qui ont été embarqués
« à Gènes et envoyés dans le midi de la Péninsule? Est-ce
» qu'on y a mis plus de temps que je ne vous en demande en
« ce moment? *Est-ce que vous n'aurez pas toujours* DEUX OU
« TROIS MOIS, *c'est-à-dire* PLUS QU'IL NE VOUS EN FAUDRA *pour*
« ORGANISER LA GARDE NATIONALE MOBILE *et pour utiliser ainsi*
« *le zèle de la population?*...

« Certes, Messieurs, je ne suis pas *un homme qui se paye*
« *d'illusions ; je ne me paye pas d'illusions* SURTOUT quand il
« s'agit des *grands intérêts de mon pays... Quant à la garde*
« *nationale,* JE CROIS QUE CE QUI A ÉTÉ ÉCRIT DANS LA LOI DE

« 1831 ET DANS CELLE DE 1851 SUFFIRAIT, et que quand l'Ita-
« lie a pu lever des bataillons nombreux et les porter du nord
« au midi de son territoire, *la France pourrait en faire autant,*
« *et que ce serait* CERTAINEMENT L'ORGANISATION QUI VAUDRAIT
« LE MIEUX...

Et pourtant dire que l'homme, qui a tenu un tel langage, a
eu maintes fois l'audace, pour mettre sa responsabilité à couvert, d'accuser l'Empire d'être, par son incurie, la cause de
tous nos désastres ! Et dire encore qu'il se vante d'avoir prévu
nos malheurs et voulu les prévenir !

Et qui donc des orateurs de l'Empire ou des orateurs de
l'opposition *ont établi la véritable situation de la France* vis-
à-vis de l'Europe ? PROPHÉTISÉ *les conséquences de cette situation et* RÉCLAMÉ *les* VRAIS *moyens* d'échapper à leur terrible
fatalité ?

Qui donc a eu raison, de l'Empire, demandant une armée
active de 1,200,000 hommes, ou de l'opposition réclamant la
suppression des armées permanentes ? De l'Empire voulant
organiser la garde nationale mobile, ou de l'opposition s'ob-
stinant au maintien de la loi de 1831 ? De l'Empire déclarant
qu'un échec de nos armes mettrait la France à découvert et
ouvrirait à l'ennemi le chemin de la Capitale, ou de l'opposition
prétendant que la levée en masse serait vite organisée et qu'elle
suffirait pour vaincre et repousser l'envahisseur ?

Ah ! il est temps que la France ouvre les yeux sur les tendances criminelles de l'opposition démocratique et qu'enfin
elle se donne un Gouvernement capable de l'en débarrasser à
jamais.

L'opposition démocratique! Elle n'a cessé de protester contre toutes les mesures d'armement; de réclamer le licenciement des troupes et la réduction des contingents. Et, après avoir voté contre la loi militaire, qui était une loi de salut pour la France, elle l'a rendue inutile en ameutant l'opinion publique contre son application.

Et certes, aux élections générales, en mai 1869, y a-t-il eu un seul candidat de l'opposition démocratique qui, pour plaire aux masses et capter leurs suffrages, n'ait ou consigné dans sa profession de foi ou pris, dans les réunions électorales, l'engagement solennel de demander l'abrogation de cette loi?

Enfin, qui a prêché à nos soldats et à nos officiers inférieurs cet esprit d'indépendance et d'insubordination qui porte toujours une atteinte mortelle à la discipline, mère du vrai courage? Encore et toujours l'opposition démocratique, par l'organe d'une presse sans patriotisme et sans vergogne.

Cette criminelle opposition démocratique a donc été l'un des agents les plus efficaces de nos malheurs.

§ VIII. — AVANT LA GUERRE

Les hommes qui présidaient aux destinées de l'Allemagne comprirent tout le parti qu'ils pouvaient tirer de notre fausse situation ; ils voyaient que notre pays leur était livré pieds et poings liés par les ennemis du Gouvernement impérial.

Dans ces conditions, la guerre devait inévitablement éclater tôt ou tard entre la France et la Prusse.

Cette dernière Puissance n'ignorait pas de quel œil inquiet le Peuple et le Gouvernement français la voyaient démesurément grandir, et qu'il était d'un intérêt capital pour nous de jeter enfin une digue infranchissable devant le flot toujours montant de ses convoitises.

Il ne faut donc pas rejeter sur le Gouvernement impérial toute la responsabilité de cette guerre. Cela serait injuste. Il y a sa part, puisqu'il a subi d'abord, sans la rejeter, la politique qui l'a rendue inévitable.

L'opposition, en imposant astucieusement cette politique et en la favorisant, y a pris grandement la sienne.

Et cette responsabilité de l'opposition est tellement grave que l'Empire, dont les dispositions vis-à-vis de l'Allemagne étaient combattues par d'autres partis, n'eût pu, dans son isolement, l'eût-il voulu, favoriser les vues ambitieuses du

Cabinet de Berlin, sans le concours et les encouragements
de la démocratie.

D'ailleurs, l'attitude de la Nation faisait de cette guerre une
nécessité.

Nous nous souvenons de l'enthousiasme de l'immense
majorité de la Chambre, le jour qu'on l'a déclarée, des accents
patriotiques et guerriers dont l'a saluée la presse de toutes
couleurs, et des manifestations sympathiques de Paris et de
toute la Province. Nous avons vu ces flots de population qui se
portaient par centaines de mille hommes sur les boulevards de
la Capitale pour faire à nos troupes un cortége triomphal, et
nous savons combien vite ce peuple immense étouffait toute
voix qui, de son sein, s'élevait pour parler de paix.

Nous savons aussi que l'opposition prétend s'être prononcée
contre la déclaration de guerre et, qu'aujourd'hui, comme
Pilate autrefois devant le Christ, elle lave magistralement ses
mains devant la Nation, en se déclarant innocente du sang
versé.

Mais, n'a-t-elle pas concouru aux efforts de ceux qui ont
rendu cette guerre inévitable? N'a-t-elle pas secondé, de tout
son pouvoir, l'unification de l'Italie et celle de l'Allemagne?
N'a-t-elle pas battu des mains à l'humiliation de l'Autriche et
à la ruine de sa puissance?

« Quoi ! vous avec posé la cause et vous reniez les effets?
« Vous avez lâché la digue, et vous prétendez n'être point res-
« ponsables des ravages du torrent débordé?

« Vous et vos conspirateurs, vous et votre presse, vous et

« vos écoles anti-françaises, avez rendu cette guerre telle-
« ment inévitable que l'Allemagne s'y prépara depuis Sa-
« dowa, depuis le jour que vous avez applaudi à ses iniques
« triomphes au détriment de la sécurité de votre Pays ! Et dès
« lors, elle se mit à entasser dans ses arsenaux un matériel
« formidable de guerre et à organiser contre nous toutes les
« forces des deux Confédérations, tandis qu'au Palais-Bourbon
« vos orateurs chicanaient sur toutes les mesures que voulait
« prendre le Gouvernement impérial pour augmenter la puis
« sance de nos armes.

« Vous avez protesté contre la guerre ! Vous êtes innocents,
« dites-vous, du sang répandu ! En vérité, votre innocence
« n'est pas moins étrange que votre langage ! »

§ IX. — LES ENTRAVES

Mais il est nécessaire d'analyser les faits pour en dégager
la responsabilité *des hommes du 4 Septembre.*

Il est incontestable que M. Thiers, à la séance du 18 Juillet 1870, a combattu la déclaration de guerre avec un courage
héroïque. Il a fait acte de grand patriotisme.

Il a prétendu, depuis, *savoir ce jour-là qu'on* N'ÉTAIT PAS
PRÊT *et en avoir fait la déclaration au ministre.*

Ce fait n'est consigné ni dans le *Journal Officiel*, ni dans
aucun document authentique.

D'ailleurs, *si* M. Thiers *connaissait l'insuffisance de notre
armement,* n'a-t-il pas trahi son Pays en le laissant dans l'illusion, en ne l'avertissant pas de son impuissance ?

Quoi ! le 30 Juin 1870 il s'était écrié à la tribune : « *Si nous*
« *avons la paix, si on ne nous menace pas, c'est qu'on nous sait*
« PRÊTS *à faire la guerre, la chose est* ÉVIDENTE *comme la lu-*
« *mière ; oui, évidente pour tous ceux qui connaissent l'état de*
« *l'Europe. Savez vous pourquoi la paix a été maintenue ?* C'EST
« PARCE QUE VOUS ÊTES FORTS. »

Et le 18 Juillet suivant, à l'heure où la France allait entrer en guerre, il n'aurait pas réparé solennellement son erreur, il n'aurait pas révélé à la Chambre la fatale vérité, il n'aurait pas tiré le Pays de cette fausse sécurité qui nous a causé de si cruels revers !

Cela est inadmissible. M. Thiers s'est trompé avec tout le monde sur l'état de nos ressources militaires, et il n'a rien dit parce qu'il ne savait rien.

Cependant, comme notre organisation militaire, basée sur les principes de la loi de 1831, donnait à peine un effectif de 600,000 combattants, l'Empereur, craignant de ne pouvoir pas disposer de forces suffisantes, avait, à plusieurs reprises, demandé à ses ministres de la guerre, *en combien de temps ils pourraient concentrer* 400,000 *hommes sur un point donné*. Et tous avait invariablement répondu *qu'ils le pourraient en quinze jours*.

C'est ainsi que sa confiance a été trompée, car il n'a jamais eu 250,000 hommes sous la main.

Il était d'ailleurs bien difficile et même IMPOSSIBLE, *au dire de l'opposition*, de concentrer ainsi une armée de 400,000 hommes avec un effectif de 600,000. — Et en voici la preuve.

Dans la séance du 20 Décembre 1867, M. Ernest Picard, pour combattre la loi militaire du Maréchal Niel, essaye de démontrer que la levée en masse est la seule organisation militaire rationelle, tandis que les armées permanentes sont toujours insuffisantes, quel que soit d'ailleurs leur effectif.

Voici comment il parle de ces dernières :

« Nous avons, dit-il, supplié le Gouvernement de revenir au

« contingent de 80,000 hommes, nous avons essayé de démon-
« trer que des contingents supérieurs étaient trop lourds pour
« la France et nuisaient à la population. — Que nous a
« répondu le gouvernement? « *Il faut que le passage du pied
de paix au pied de guerre puisse toujours et sans troubler les
populations, s'opérer facilement ; il faut* — le chef de l'État
l'a reconnu, — *qu'une armée de* 600,000 *hommes soit à sa
disposition pour sauvegarder les intérêts et l'honneur de la
France. Nous obtenons tout cela avec le contingent de* 100,000
hommes. »

« La Chambre a oublié ces paroles, et pendant plusieurs années
« depuis 1860, elle a accordé au gouvernement le contingent de
« 100,000 hommes. Cependant quand il a fallu passer, — je ne
« dis pas pour la guerre, mais pour une simple démonstration
« — du pied de paix au pied de guerre, que s'est-il passé? Les
« 600,000 hommes ne se sont pas trouvés. On n'a pas pu, à la
« veille de la bataille de Sadowa, *réunir un corps d'observation
« de* 100,000 *hommes.* — *On ne l'a pas fait et on n'a pas* PU LE
« FAIRE. — Si vous pouviez le faire, si cette organisation pou-
« vait satisfaire à toutes les exigences, alors quelle est la raison
« de la loi que nous discutons? (Approbation à gauche.) MAIS
« VOUS NE POUVIEZ PAS LE FAIRE, JE LE CROIS; et dans tous
« les cas, vous ne l'avez pas fait. — Eh bien, Messieurs, de là
« quelle conséquence devons-nous tirer?... *C'est qu'au point de
« vue de la guerre, les prévisions nous trompent toujours...* »

Ainsi l'opposition était convaincue *qu'un effectif de* 600,000
hommes ne permettait pas au Gouvernement d'en concentrer
100,000 *sur un point donné.*

Il est vrai, les besoins de sa cause ont porté M. Picard à exa-
gérer ses conclusions. Cependant, la guerre d'Italie a fourni à
M. Rouher l'occasion de justifier en partie le jugement de M.
Picard.

Voici en effet le langage plus haut relaté, que M. Rouher tenait à la séance législative du 27 Décembre 1867 :

« J'ai à vous démontrer la nécessité du chiffre de 800,000 « hommes... Messieurs, à l'époque (de la guerre de Crimée), le « Chef de l'État a acquis la conviction que les contingents de « 80,000 hommes étaient insuffisants pour une grande guerre, et « il vous a demandé alors des contingents de 100,000 hommes...

« Savez-vous quel était le chiffre de l'armée française au « commencement de la guerre d'Italie ? Il était de 639,000 « hommes... *Sur 639,000 combien sont entrés en Italie?* « *229,000... Sur cette masse armée de 229,000 hommes, il y en* « *avait 122,700 qui n'ont pas pris part à la bataille de Solfé-* « *rino*, laquelle a été livrée *à l'aide de 107,000 combattants...* « Donc, par cet exemple, que je ne veux pas développer... *je* « *démontre qu'en 1859, une armée de 639,000 hommes, a pu* « *présenter en bataille au champ de Solférino, 107,000 combat-* « *tants. C'est là un* ENSEIGNEMENT QU'AUCUN HOMME SÉRIEUX « NE SAURAIT PERDRE DE VUE. »

M. Rouher constate dans son discours que des raisons du plus haut intérêt n'ont pas permis de distraire, pour les jeter au delà des Alpes, plus de 229,000 hommes des 639,000 dont se composait l'armée française en 1859 et que des nécessités stratégiques ont fait que 107,000 combattants ont pu seuls se présenter au champ de Solférino.

Les gens de la Défense nationale ne sont donc pas en droit de reprocher au Ministère de l'Empire *de n'avoir pas réuni*, au début des hostilités de 1870, *plus de 225,000 hommes* sur nos frontières de l'Est, et ils doivent s'incliner devant *une impossibi lité qu'ils avaient* CONSTATÉE ET MAINTENUE.

Mais, nous venons de le voir, la guerre de Crimée apprit à l'Empereur que le contingent de 80,000 hommes était insuffisant pour une grande guerre, et la bataille de Sadowa lui révéla la nécessité d'avoir une armée de 1,200,000 soldats. Il a donc eu raison de réclamer une organisation militaire qu'il savait indispensable à la sécurité et au rôle de la France, et *les hommes du 4 Septembre*, qui l'ont combattue par leurs discours et par leurs votes, ont eu tort et ils ont assumé sur leurs têtes toute la responsabilité de nos désastres.

§ X. — DÉCLARATION DE GUERRE

Mais peut-on prétendre que l'opposition n'a pas directement contribué à la déclaration de guerre? Nous ne le croyons pas.

En effet, le 15 Juillet 1870, le Gouvernement porta au Corps législatif la question de paix ou de guerre. M. le Garde des Sceaux vint déclarer que devant l'attittude de la Prusse, il fallait prendre des mesures, et qu'en conséquence M. le Ministre de la guerre allait présenter deux projets de lois, relatifs : le premier à *la mise en activité de la garde nationale mobile*, et le second *aux engagements volontaires*.

« Nous n'avons rien négligé, dit-il, pour éviter une guerre;
« nous allons nous préparer à soutenir celle qu'on nous offre...
« Dès hier, nous avons rappelé nos réserves, et, avec votre
« concours, nous allons prendre immédiatement les mesures
« nécessaires pour sauvegarder les intérêts, la sécurité et
« l'honneur de la France. A raison des circonstances politi-
« ques, l'administration de la guerre devant être en mesure
« de faire face à toute éventualité, nous demandons un crédit
« de 50 millions et nous demandons l'urgence. »

Ainsi, la proposition fut nettement formulée par le Gouvernement. Pour se préparer à soutenir la guerre qu'on lui offrait, il demandait un crédit supplémentaire de 50 millions, la mobilisation de la garde nationale et l'appel aux volontaires. Donc voter ces trois lois, c'était voter à la fois la guerre et les moyens de la faire.

Or, sur 257 votants, 247 votèrent *pour* et 10 *contre* le crédit demandé. M. Glais-Bizoin seul vota *contre*.

MM. Thiers, Arago, J. Favre, Ordinaire et Pelletan *s'abstinrent*, et MM. Gambetta, J. Simon, J. Ferry, E. Picard, Dorian, Magnin, de Kératry, Rampont, Steenackers, Barthélemy Saint Hilaire, Larrieu, Lecesne, Bethmont, Caré-Kérisouët, Javal, de Jouvencel, Malézieux, Guyot Montpeyroux votèrent *pour la guerre*.

Enfin, toute l'opposition, M. Thiers en tête, vota pour *la mise en activité de la garde nationale mobile et pour les engagements volontaires*, à l'exception de M. Glais-Bizoin qui vota *contre*, et de MM. Arago, Crémieux, J. Favre, Ordinaire et Pelletan qui *s'abstinrent*.

Il n'est donc pas raisonnable de prétendre que l'opposition a été étrangère à la déclaration de guerre.

§ XI. — PÉNDANT LA GUERRE

Enfin, il nous reste à aborder les événements qui ont surg
depuis l'ouverture des hostilités pour y apprécier le rôle qu'ont
joué les gens de l'opposition.

Après la déclaration de guerre, au moment où l'on a senti la
nécessité de garder le plus grand secret sur le nombre et le
mouvement de nos troupes, les députés de la gauche et les
écrivains de leur parti ont fait une opposition désastreuse à la
loi présentée par le Gouvernement pour imposer à la presse la
plus grande réserve.

Ils ont encore mis une ardeur presque séditieuse à demander communication des dépêches du théâtre de la guerre. Ils
avaient leurs desseins; ils cherchaient le moment opportun
de les mettre en exécution; ils l'ont trouvé le 4 Septembre.

Pendant dix-huit ans, les députés démocrates ont traîté de
parjure le Chef de l'État, parce que, disaient-ils, il avait, au
mépris de ses serments, foulé aux pieds la Constitution de
1848 et fondé, sur les ruines de la République, le Gouvernement impérial.

Or, n'avaient-ils pas, à leur tour, prêté serment de fidélité à la Constitution de l'Empire? Et néanmoins n'ont-ils pas renversé cette Constitution? N'ont-ils pas, le 4 Septembre, chassé les représentants de la Nation et usurpé un pouvoir qui ne leur appartenait pas? Est-ce qu'ils avaient, comme députés de Paris, plus de puissance, plus de droit à la gestion de la chose publique que les députés de la Province? Et quand bien même Paris eût d'abord ratifié leur coup de main, la France était-elle obligée de reconnaître leur autorité, comme si Paris pouvait légitimement imposer ses volontés au reste de la Nation?

Si l'Empereur fut à leurs yeux un usurpateur et un parjure, qu'ils nous disent ce qu'ils sont eux-mêmes? Qu'ils nous disent si, aux derniers jours de l'Empire, la société, menacée comme elle l'était à l'heure du coup d'État présidentiel, appelait, à la sauvegarde de son salut, les descendants de Danton et de Robespierre, et si ces descendants ont su, par leur vigueur et leur capacité, mettre enfin le Pays à l'abri des coups des ennemis du dedans et du dehors?

Qu'ils nous disent si les annales des nations nous montrent un pouvoir souverain dont la légitimité soit aussi grandement établie que celle du second Empire, proclamée et confirmée deux fois par les neuf dixièmes des électeurs français !

Ils n'ignoraient pas avec quelle impatience fiévreuse la population parisienne supportait leur attitude à la Chambre, durant les derniers jours d'Août, et combien leur position devenait d'heure en heure compromettante pour leur sécurité, devant ces sourdes rumeurs populaires qui montaient jusqu'à eux du sein de l'immense Cité. Ils ont eu hâte de porter leur coup pour prévenir celui qui les menaçait.

Leur première conspiration contre le Gouvernement impérial a d'abord avorté. Malgré la connivence du Gouverneur de

Paris, malgré leurs plans arrêtés dans l'ombre et les tentatives
faites simultanément par leurs adeptes, dès le 1er Septembre,
pour proclamer la République à Lyon, à Marseille, à Toulouse
et à Bordeaux, leurs parricides complots échouèrent complé-
ement.

Mais l'audace, enhardie par nos désastres militaires, devait
enfin triompher et appeler sur notre Patrie des calamités qui
n'ont pas leurs égales dans le passé de la Nation française.

§ XII. — TRAHISON

Dès les premiers échecs de nos armes, les députés démo crates ont demandé à la Chambre, avec plus d'opiniâtreté que amais, d'éloigner du Corps législatif les sergents de ville, la garde et la troupe de Paris, sous l'astucieux prétexte qu'il était de sa dignité de confier exclusivement le poste du Palais Bourbon aux gardes nationaux.

C'est qu'ils comptaient sur l'innocuité de ceux-ci, dès que l'enceinte du Palais serait envahie et violée par la populace.

Et des conspirateurs qui grouillent dans la boue impure de la démagogie, ont essayé de renouveler, à Bordeaux, cette triste comédie, dès la présence de l'Assemblée nationale dans cette ville.

Et au moment de l'invasion, lorsque l'écume de la Capitale, cet élément que les démocrates savent si bien produire dans les circonstances favorables à leurs desseins, a fait irruption dans l'enceinte des séances, quels ont été l'attitude et le langage des députés de la gauche ? Une attitude et un langage de complices.

Ils se sont empressés de promettre à la tourbe envahissante qu'immédiatement ses vœux allaient être accomplis. Et quels vœux ? Qui les leur avait exprimés ? Oh ! ils les connaissaient dès longtemps : car ils étaient les leurs ; des vœux de factieux, qu'ils ont prétendu légitimer en les donnant pour ce ux de la Nation.

Et au lieu de reconnaître à la Chambre le droit de gouverner le Pays,' d'en exercer l'autorité souveraine et d'établir légalement un Comité de défense, ces fiers champions de l'éga lité et de la liberté ont envahi l'Hôtel-de-ville et tous les ministères pour se saisir d'un pouvoir auquel ils n'avaient nul droit, et ils ont profité du moment où toutes nos forces étaient devant l'ennemi pour exécuter ce lâche et criminel complot, que l'Histoire flétrira d'infâme trahison.

Et Paris les a subis, mais ne les a pas acclamés ; il est resté muet et impassible devant leur œuvre subversive ; lâcheté coupable, qui lui a valu le plus terrible des châtiments.

Et tandis que la Capitale, tandis que la France entière, consternées des échecs de nos armées, ne se préoccupaient que des moyens de réparer nos malheurs publics et de conjurer l'immense danger qui menaçait la Patrie, eux sont venus ajouter aux difficultés si graves du moment les difficultés d'une révolution politique, source certaine de ces épouvantables calamités que l'invasion étrangère et la guerre civile ont accumulées sur la France.

Ont-ils donc songé à la responsabilité immense qu'ils ont assumée ? Et sont-ils de taille à ne pas se laisser écraser sous son poids ?

Le ministère, qu'ils ont chassé, avait, en quelques jours, fait surgir du sol une puissante armée et rassemblé les éléments de nouvelles forces. Pour rendre Paris inexpugnable, il disposait les murs d'enceinte et il avait déjà garni les bastions et les forts d'une nombreuse et formidable artillerie ; il faisait élever activement des travaux de défense à Montretout, à Meudon et ailleurs ; il venait d'approvisionner la grande Cité de toutes les subsistances qui l'ont nourrie durant le siége, et d'imprimer à la Province une impulsion soutenue par toute l'énergie d'une autorité reconnue et réorganisée.

Et, en jetant ce pouvoir à terre pour mettre les rênes du Gouvernement aux mains de leur parti, les députés démocrates ont paralysé l'énergie de la Nation, semé le trouble au sein des populations, étouffé la confiance et ruiné le crédit.

Leur avénement a enlevé pendant huit jours aux ouvrages de défense les quarante mille travailleurs que le dernier ministère y avait accumulés. Et c'est ainsi que les travaux de Montretout et autres durent rester inachevés.

Cela nous mit dans la nécessité d'abandonner de puissantes positions qui furent pour l'ennemi des points d'attaque formidables et dont l'occupation par nos troupes eût peut être empêché la chute de Paris.

Ils n'ont fait entrer dans la Capitale ni un grain de froment, ni une tête de bétail, ni une livre de poudre, ni une pièce de canon. Ils ont perdu quinze jours en incertitudes ; ils les ont passés à changer des noms de rues, à remplacer par de nouveaux les anciens fonctionnaires et à abattre les insignes du Gouvernement précédent.

Funeste exemple que leurs disciples de la Commune ont ensuite imité dans des proportions colossalement désastreuses !

Ils avaient majestueusement promis que l'avénement de la République produirait en France un élan d'invincible patriotisme qui porterait la Nation entière à s'imposer tous les sacrifices et à se lever comme un seul homme pour se jeter en masse au devant de l'étranger ; que toute l'Europe et principalement l'Allemagne républicaine, saluant avec transport notre nouveau Gouvernement, se soulèverait de suite contre nos ennemis.

Et la population française, stupéfiée, est restée inerte ; et nos grandes villes se sont mises aussitôt en insurrection ; et l'Europe, spectatrice impassible de nos malheurs, a laissé, peut-être avec satisfaction, nos barbares envahisseurs accomplir la mission qu'ils se donnaient de nous punir de notre fol orgueil, de notre légèreté, de notre esprit désorganisateur et brouillon.

Si, mettant de côté leurs préoccupations de parti, les députés de Paris avaient au moins respecté le Corps législatif, ils laissaient à la France un Pouvoir régulier, légal et légitime dont l'autorité, acceptée et reconnue par la population, eût produit des résultats efficaces pour les intérêts de la défense et se fût imposée à nos ennemis, comme aux divers Gouvernements de l'Europe.

Les Prussiens, dans les éventualités d'une paix, n'avaient pas le prétexte de traiter ce Pouvoir de *Gouvernement de la rue*, comme ils ont traité *celui* que venaient d'usurper ces audacieux démocrates.

L'Empire avait, dit-on, négligé de se ménager des alliances. Cela est faux. Ceux qui ont occupé le Pouvoir, depuis sa chute, savent le contraire.

Mais les hommes du 4 Septembre, en mettant une France républicaine en face de l'Europe monarchique, ont rendu ces alliances impossibles et nous ont follement condamnés à l'abandon le plus désastreux ; et, si bien qu'on leur a dédaigneusement refusé les secours qu'ils ont partout servilement mendiés.

Ils ont crié à la France, au monde entier, aux quatre vents du ciel, que le Gouvernement précédent avait laissé l'administration civile et militaire dans le plus grand désordre et qu'il avait fait des Français un peuple efféminé, abruti et dépourvu de tout sentiment de patriotisme et de grandeur.

Et ils n'ont pas songé que ces clameurs de leur haineuse ambition ont jeté le pays et l'armée dans l'inquiétude et le désarroi et appris en même temps à l'ennemi, qui dès lors a redoublé d'audace, qu'il se trouvait en présence d'une population disloquée et insoucieuse du salut et des intérêts de la Patrie.

Dans tous nos échecs de guerre, ils n'ont vu et proclamé que des fautes et des trahisons du côté de nos généraux; et ils ne se sont pas aperçus qu'en s'efforçant ainsi de ruiner l'attachement du soldat pour les officiers de l'Empire, ils ont détruit sa confiance et tué son courage.

Et sans essayer de leur envoyer un seul homme de renfort, ils ont laissé tomber successivement Strasbourg, Verdun, Thionville, Mézières, Metz et autres places fortes. Ils n'ont pas songé, qu'en volant au secours du Maréchal Bazaine, ils le mettaient dans la nécessité de résister efficacement et de briser enfin, par un effort vainqueur, le cercle de fer qui l'enserrait. Quelle incapacité ! !

Pourtant, la chute de Metz est incontestablement la cause de nos désastres subséquents, de la capitulation de Paris et de ses résultats ruineux et sanglants.

En Province, ils ont traité les généraux comme des goujats et ils leur ont imposé des plans de campagne conçus et arrêtés par une société anonyme de stratéges en toge. Ils ont voulu déterminer et les évolutions des armées et la tactique de leurs chefs et fixer même les points d'attaque et de défense.

Et quand leurs ordres contradictoires ont causé dans les opérations militaires une funeste confusion qui nous a valu partout des défaites, ils ont encore crié à l'incapacité et à la trahison.

L'ineptie, dont ils ont fait preuve à Paris, durant le siége, n'a pas son égale dans les fastes de la guerre.

Cependant, ils disposaient de formidables moyens d'attaque et de défense. Ils étaient entourés de remparts et de forts inexpugnables ; ils avaient plus de 3,000 bouches à feu, bien approvisionnées et une garnison dépassant 500,000 combattants pleins d'une belliqueuse ardeur et pouvant opérer en sécurité tous ses mouvements dans l'aire d'un cercle dont l'immense circonférence, d'un développement d'au moins quatre-vingts kilomètres, exigeait des assiégeants une armée de 960,000 soldats pour être occupée par un cordon de dix hommes seulement en profondeur et plus d'une journée de marche forcée pour transporter leurs troupes aux points extrêmes.

Et malgré tous ces immenses avantages, non-seulement ils n'ont point forcé la ligne d'investissement, mais ils se sont encore laissé mitrailler, bombarder et affamer à plaisir par 220,000 Allemands, et ils n'ont pas même su se mettre en communication avec la Province pour combiner des opérations simultanées.

Ils ne se sont jamais rendu compte ni du nombre, ni des forces, ni des mouvements, ni des dispositions de l'ennemi.

Ils l'ont laissé intercepter à loisir les grandes artères qui portaient la vie dans Paris et s'avancer assez pour établir et fortifier ces ouvrages formidables qui lui ont permis de faire tomber, deux mois durant, un déluge de bombes et de boulets sur la moitié de la Capitale.

La folle présomption qu'ils ont montrée dans toutes leurs entreprises n'a d'égale que leur funeste incapacité en tout ce qui touche au gouvernement d'un pays.

Ils ont nommé à toutes les préfectures et sous-préfectures de France des avocats et des journalistes démocrates, qui ont jeté la plupart de nos grands centres de population dans l'anarchie et dans les plus sanglants désordres.

Ils ont mis à la tête de nos Communes des gens ou flétris ou n'ayant d'autre titre que celui de républicain. Et, enfin, ils ont fait éclater en Algérie le soulèvement le plus désolant et le plus formidable que nous ayons eu depuis la conquête ; et, plus tard dans Paris, une insurrection tellement désastreuse qu'elle a fait des plus beaux monuments et des plus splendides quartiers de notre Capitale un tas de cendres et de ruines.

Ils n'ont eu qu'une seule préoccupation : celle de renverser l'Empire, pour se rendre maîtres du Pouvoir en fondant la République.

Ils ont aveuglément poursuivi le triomphe de leur parti. Peu leur importait de mettre en jeu même l'existence de la Nation, pourvu que leur complot réussît et que sur les ruines de la Patrie s'élevât l'édifice conçu par leur criminelle ambition.

Voilà pourquoi, après Sedan, ils n'ont pas voulu accepter la paix dont l'Empereur avait arrêté les bases avec le roi de Prusse, ni celle qui leur fut proposée directement à eux-mêmes.

Et ils ont encore eu le soin criminel de taire ce grand fait à la Nation.

Les conditions de cette paix, soutenues en notre faveur par les grandes Puissances de l'Europe, assuraient à la France *l'intégrité de son territoire*, au prix d'une indemnité pécuniaire qui n'atteignait pas *un milliard;* elles lui épargnaient tous les désastres subséquents et la laissaient en présence d'un simple échec de guerre.

Mais comme l'acceptation de cette paix était le maintien de l'Empire et le renversement de la République, les hommes du 4 Septembre ont préféré, pour conserver le pouvoir usurpé, couvrir la France de sang et de ruines et l'obliger à subir des pertes matérielles qui dépassent dix milliards de francs.

Et néanmoins, malgré leurs perfidies et les calamités de toute sortes qu'ils ont accumulées sur la Nation, ils nous menacent d'une nouvelle guerre civile, plus générale et plus sanglante que la première, si le Peuple refuse de subir leur République.

En vérité, on ne s'explique guère, après cela, comment M. Thiers a choisi ses ministres parmi ces grands coupables, qui devraient être les premiers à subir la peine de cette lugubre révolte que d'autres, séduits par leurs doctrines et poussés par leurs discours, ont payée de la vie ou de la déportation.

On ne s'explique pas non plus comment, dans sa visite à toutes les cours de l'Europe, il n'aurait pas découvert la vérité sur ce crime de lèse-nation, et, s'il l'a connue, pourquoi il ne l'a pas révélée à son Pays.

Dans ce dernier cas, on comprendrait aisément la nécessité pour lui de s'être associé *ces hommes* et de les avoir ménagés même au point de jeter systématiquement sur l'Empire l'écrasante responsabilité de nos malheurs. Qui sait.... M. Thiers était de l'opposition..... M. J. Favre avait demandé la déchéance de l'Empire aux derniers jours d'Août 1870.....

M. Thiers l'a demandée le 4 Septembre avec M. J. Favre....
Il l'a fait prononcer par l'Assemblée nationale de Bordeaux.....

. . . .

Mais la vérité commence à se faire jour, et bientôt elle pro-
jettera son plus vif éclat sur tous ces mystères, et elle dévoi-
lera aux yeux de toute la France les hideuses figures de tous
ceux qui ont trempé dans ce criminel complot.

§ XIII. — CONSÉQUENCES

Ainsi, l'attentat du 4 Septembre a appelé sur la France plus de calamités qu'aucune des guerres et des révolutions précédentes.

Il a tout désorganisé, tout flétri, tout compromis, jusqu'a l'intégrité du territoire, jusqu'à l'unité et l'indépendance de la Nation. Il a épuisé toutes nos ressources, usé toutes nos forces, disloqué toutes nos fortunes, éteint le commerce, étouffé l'industrie, ruiné notre crédit et mis à nu, aux yeux du monde entier, toutes les honteuses et sanguinaires turpitudes d'une ignoble et féroce démagogie, dont le triomphe devait avoir pour terme fatal la plus délirante et la plus scélérate des guerres civiles.

Dans leurs atroces combinaisons, ces grands coupables s'étaient posé ce sinistre dilemme : « Ou la France sortira victorieuse de la lutte ou elle succombera. Dans le premier cas, nous nous dirons *ses sauveurs;* dans le second, nous accuserons le Gouvernement précédent *de l'avoir perdue.* »

« Or, ce raisonnement est faux autant que criminel. — « Non, certes! le Gouvernement impérial n'a pas perdu la « France! Il avait créé un danger pour elle ; nous l'avons dit.

« Et vous avez décuplé ce même danger. Un jour, il a voulu
« le conjurer et vous avez paralysé ses efforts et anéanti les
« moyens dont il pouvait disposer. Et quand, malgré lui et
« poussé par l'immense majorité de la Nation, il a dû l'af-
« fronter, vous l'avez tout-à-coup traîtreusement abattu et,
« avec lui, tout ce que la France possédait d'éléments d'ordre,
« de force et de triomphe.

« Voilà comment vous avez perdu la Patrie ; voilà comment
« vous avez couru d'échec en échec et roulé d'abîme en abîme,
« sans avoir su vous arrêter à temps pour ne pas aboutir au
« plus épouvantable des cataclysmes, à la perte d'une partie
« du territoire, à l'épuisement de nos ressources pécuniaires
« et nationales, à l'insurrection de la plus belle de nos colonies
« et aux drames sanglants dont la Capitale a donné le déso-
« lant spectacle.

« Et n'est-il pas étrange, après cela, d'entendre sans cesse
« vous et vos suppôts, pour exciter la haine du peuple contre
« la dynastie impériale et pour vous attirer en même temps
« ses sympathies, clabauder partout que l'Empereur est gran-
« dement coupable d'avoir déclaré une guerre que nous n'é-
« tions pas en mesure d'entreprendre?

« Mais les vingt-quatre heures de chaque jour de notre
« existence permettent-elles à un homme, quel qu'il soit, de
« se rendre personnellement compte des ressources d'une
« grande Nation telle que la France? Et si l'Empereur a dû
« baser son jugement sur des rapports, n'est-ce pas vous qui
« avez à la fois trompé et cet Empereur et cette Nation, puis-
« que vous faisiez partie de la Commission parlementaire qui,
« après mûr examen, *s'est déclarée solennellement satisfaite*
« *devant la Chambre, et du plan de campagne et des forces*
« *militaires dont nous disposions?*

« Et M. Thiers lui même, qui plus tard a prétendu con-
« naître alors l'insuffisance de nos ressources, ne s'est-il pas
« associé au témoignage de cette Commission, dont il était
« membre?

« Et encore, si vraiment ces forces étaient numériquement
« insuffisantes, n'est-ce pas parce que, tous les ans, vous les
« avez rognées?

« Et si enfin leur nombre nous permettait de lutter avec
« avantage contre l'ennemi, votre attitude anarchique et celle
« de votre parti à Paris et dans les principales villes de France,
« a-t elle permis au Gouvernement impérial de dégarnir nos
« grands centres sans gravement compromettre l'ordre public,
« pour jeter en masse nos troupes au devant des armées enva-
« hissantes de l'étranger?

« Hélas! les événements postérieurs, que vous avez faits,
« ont justifié d'une façon bien tragique ces craintes trop légi-
« times, et nous ont clairement prouvé que votre conduite
« criminelle vous rend, sans nul doute, plus que tous autres,
« responsables des désastres de Wœrth, de Sedan et de Metz.

« Allez ! La robe blanche de l'innocence dont vous vous
« affublez ne va pas à votre taille, et elle est trop transpa-
« rente pour dérober la noirceur de vos actes, même à l'œil le
« moins clairvoyant. »

§ XIV. — CONCLUSION.

Telle est, selon nous, la part de responsabilité que l'on peut attribuer aux partis politiques, dans la désorganisation générale de la société française et dans les malheurs qui en ont été la conséquence.

Nous nous sommes efforcé de présenter exactement les faits et de les apprécier avec impartialité. Aussi pensons-nous que nos assertions resteront irréfutables.

Cependant cela ne suffit pas. Après avoir mis le mal à nu, nous voulons indiquer le remède; nous voulons, selon notre pouvoir, prêter le concours de nos efforts à l'œuvre de reconstitution de notre Pays et l'aider à reprendre son rang de premier Peuple du Monde.

CHAPITRE III

—

SOLUTION

§ I. — DESTINÉE DE LA FRANCE

Pour qu'un système gouvernemental se trouve dans des conditions naturelles de viabilité et qu'il puisse exercer un pouvoir bienfaisant, il est nécessaire qu'il soit accepté par l'immense majorité de la Nation et conforme aux mœurs, aux tendances et aux traditions encore vivantes de cette Nation.

Si ces conditions ne sont pas remplies, le Pays souffre, l'action du Pouvoir est faible ou tyrannique, suivant l'aisance ou les difficultés d'agir qu'il rencontre; et finalement une révolution et un cataclysme deviennent inévitables.

Une famille, dont les membres sont divisés et ne font pas des efforts unanimes pour concourir au bien commun, se disloque bientôt et tombe en ruine.

De même, toute nation déchirée par des partis adverses,

décline rapidement et finit par devenir la proie d'un puissant voisin.

Un individu se relève d'une ruine ; mais une nation en dé
cadence ne se relève jamais. Elle roule fatalement jusqu'au fond de l'abîme, et un peuple nouveau s'établit sur ses ruines.

L'histoire de tous les grands empires de l'antiquité et du moyen âge, qui ne sont plus, est là pour nous démontrer la vérité de cette observation.

Si donc la France est à son déclin et s'il faut juger du sort qui l'attend par celui des peuples tombés, nous serions condamnés peut-être à la voir crouler sans retour.

Mais est il vrai que notre belle Patrie se trouve dans les conditions de ruine des grands peuples d'autrefois? Et , s'y trouvât-elle, lui serait-il impossible de tirer profit des leçons du passé pour s'arrêter sur le penchant du gouffre et courir reprendre son glorieux essor ? — Nous ne le croyons pas.

Sans doute ses fautes ont été nombreuses, ses doctrines subversives, ses aspirations désordonnées, ses débordements fu nestes, son orgueil insensé, ses colères impies et sanglantes, et ses emportements désastreux.

Mais, néanmoins, comme ses vertus sont belles et ses tendances nobles et désintéressées, nous avons l'intime conviction que la France, qui, durant sa carrière plusieurs fois séculaire, reçut ici-bas du ciel une mission de gloire, de civilisation et de vérité ; qui ne cessa jamais de prodiguer son or et son sang pour les causes justes et saintes ; qui seconda de son généreux concours toutes les entreprises grandes et chrétiennes ; qui fit toujours l'œuvre de Dieu sur la terre et servit d'instrument docile et actif aux desseins de la Providence, est

encore appelée, dans les conseils du Très-Haut, à marcher à la
tête des nations et à guider de nouveau les peuples sur le chemin de leurs destinées terrestres.

Dieu a voulu châtier la France de ses désordres, mais il ne
veut pas la coucher dans la tombe; il a voulu lui montrer sa
folie de ne compter que sur des forces humaines, mais il ne
veut pas lui retirer irrévocablement l'appui de son bras tout-
puissant.

L'action de Dieu est visible dans tous les événements récents.
Sa main souveraine déjoue tous les calculs humains et dispose
avec certitude la voie de ses conseils. Et voilà pourquoi, à cette
heure suprême, toutes les plaies sociales se dévoilent, toutes
les passions féroces se déchaînent et toutes les aspirations subversives se produisent et se développent.

Ainsi, Dieu veut que la France voie à nu le mal qui la ronge,
pour qu'avec son aide elle y apporte remède; il lui découvre
ses ennemis et la met en face de leurs affreuses cohortes, pour
qu'elle les aborde résolûment et remporte sur eux une victoire
décisive.

Or, pour arriver à ce but suprême, la France doit se mettre
dans les meilleures conditions de triomphe, c'est-à-dire s'ap-
puyer sur des institutions solides, en se donnant un Gouvernement qui soit accepté et reconnu par l'immense majorité du
Peuple. Seul, un tel Gouvernement pourra avoir une politique
sage et vigoureuse à l'intérieur, libre et prépondérante à l'extérieur.

§ II. — POUVOIR REPRÉSENTATIF

Nous avons déjà démontré que notre centralisation, dans ses allures actuelles, est une menace permanente pour l'ordre public. Il faut donc la reconstituer dans des conditions qui en fassent le boulevard de la sécurité nationale.

Or, pour atteindre ce but capital, il est essentiel de modifier la formation et le fonctionnement du Pouvoir représentatif.

Nos législateurs, pour éviter les inconvénients d'une Chambre unique, veulent, à l'exemple de l'Angleterre, fonder, à côté du Corps législatif, une Chambre-Haute, dotée de prérogatives spéciales. Ils se trompent ; nous l'allons démontrer.

La population anglaise se compose de la noblesse, de la bourgeoisie et de la classe ouvrière.

La noblesse constitue une' caste parfaitement distincte. ayant des droits et des priviléges établis par la Constitution, reconnus et acceptés par le Peuple. Elle forme la Chambre des Lords, tandis que les autres citoyens nomment les membres de la Chambre des Communes.

Tel est le Système parlementaire de l'Angleterre.

La Chambre des Lords a donc sa raison d'être; elle représente une classe particulière de citoyens, ayant une existence sociale et politique différente de celle du reste de la population.

Mais en France, la noblesse est rentrée dans le droit commun et ne forme plus une classe spéciale; elle constitue le peuple, avec le clergé et le tiers-état; de sorte que la population française se compose de citoyens tous égaux devant la loi.

On ne peut donc pas invoquer l'exemple de l'Angleterre pour doter notre Pays du Système parlementaire qui la gouverne. Les éléments de notre société ne ressemblent en rien aux éléments de la société anglaise. Voilà pourquoi une Chambre-Haute ne représente rien en France, et ne répond à rien; elle est plus qu'inutile, elle est nuisible; car le Peuple ne voit en elle qu'une catégorie d'individus vivant aux frais du Trésor public, sans nulle utilité pour le bien général du Pays.

D'ailleurs les faits justifient très-bien nos appréciations.

Lorsque éclata la Révolution de Février, en 1848, la scène de déchéance des d'Orléans et de la proclamation de la République ne se passa-t-elle pas exclusivement au Corps législatif? Vint-il même à l'idée du dernier des émeutiers de s'occuper de la Chambre des pairs?

Et vers la fin de l'Empire, le Sénat n'était-il pas tombé dans un tel discrédit, qu'il se vit obligé, pour ne pas perdre tout prestige, de réclamer pour lui le rétablissement de la tribune, que l'Empereur venait de rendre au Corps législatif? Est-ce à lui que les conspirateurs se sont adressés, au moment de nos désastres, pour réclamer la déchéance de l'Empire? Est-ce dans son sein qu'ils ont fait irruption et porté leurs coups criminels? Non certes!! Le sénateur était censé n'avoir qu'une autorité d'emprunt, tandis que le député passait seul pour le délégué direct du Peuple souverain. Le premier ne pouvait donc rien être, à côté du second qui était tout.

Voilà pourquoi une seconde Chambre sera toujours, en

France, sans autorité, sans prestige, et condamnée à ne jouer qu'un rôle ridicule.

D'un autre côté, une Chambre unique pourrait sérieusement compromettre l'ordre public, en votant irrévocablement, dans un moment de vertige ou d'irréflexion, des lois dangereuses. Il est donc nécessaire ou qu'un autre pouvoir vienne réformer son vote ou qu'un vote irréfléchi et dangereux lui soit impossible.

Or, pour obtenir ce dernier résultat, il n'y a qu'à transformer les Conseils généraux en Conseils législatifs.

Dans ce cas, leurs votes seraient des votes d'ensemble, ou des votes par paragraphe ou par chapitre.

Les Conseils législatifs connaîtraient des délits de presse.

A la fin de leur session chacun d'eux nommerait, à la majorité des suffrages, un nombre déterminé de ses membres, appelés à former la Chambre-Haute.

Cette Chambre-Haute aurait à discuter en détail et à voter définitivement les lois d'intérêt local et national, adoptées déjà par la majorité des Conseils législatifs, les déclarations de guerre, les traités de paix, les traités de commerce et les tarifs des douanes.

Les membres des Conseils législatifs et ceux de la Chambre-Haute ne recevraient ni traitement ni indemnité.

Aucun citoyen n'aurait le droit de discuter les actes des Pouvoirs législatif et exécutif, soit dans des réunions publiques, soit dans la presse. Mais il aurait celui de saisir par voie de pétition un Conseil législatif ou la Chambre-Haute d'une accusation fondée contre ces deux Pouvoirs ou contre leurs agents.

Ainsi, cette Constitution rend impossible la confusion des Pouvoirs. Les rôles respectifs sont nettement définis. — L'un des Pouvoirs fait les lois, l'autre les exécute.

Une telle décentralisation du Pouvoir représentatif a l'avantage de laisser, en quelque sorte, le Peuple se gouverner lui-même, en le faisant largement participer à la confection des lois et à la gestion de ses propres intérêts ; de neutraliser l'influence pernicieuse de la plèbe des grands centres et de prêter au Gouvernement, pour l'exécution des volontés nationales, un appui d'autant plus efficace qu'il est plus général.

La création d'un Conseil législatif dans chaque Département porte un coup mortel à la prépondérance de Paris ; car, contrairement au passé, l'opinion publique prenant désormais naissance au sein même de la Province, ira se manifester et s'imposer légalement à la Capitale.

La Chambre-Haute constituera une puissance d'autant plus écrasante pour l'anarchie, qu'elle représentera les intérêts de tout le territoire, et que, dans son enceinte, les vœux de chaque département iront se condenser en un faisceau compacte et y produire nécessairement leur effet naturel.

La liberté du candidat et celle de l'électeur seront à l'abri de toute surprise et de toute pression étrangère. La volonté nationale se manifestera dans toute sa vérité et pourra recevoir l'application la plus conforme à ses désirs légitimes.

Les Conseils législatifs se peupleront naturellement d'hommes dévoués à l'ordre et au Pouvoir ; car leurs fonctions étant gratuites, les conseillers devront occuper une position de fortune qui les rendra forcément ennemis des discordes civiles. Ils représenteront leurs intérêts et ceux des populations ; ils seront donc conservateurs.

Cette organisation donnera une position moins brillante que celle du député actuel; mais elle aura l'immense avantage d'écarter les folles ambitions.

Puis, les réunions publiques et le journalisme ne devront plus s'occuper d'opérations électorales, leur intervention devenant inutile, dès que le candidat et les électeurs se connaîtront mutuellement. — Et enfin la presse, qui le plus souvent ne veut que passionner le public par ses débats politiques, rentrant tout-à-fait dans le droit commun, ne pourra que saisir l'autorité compétente des blâmes et des accusations qu'elle se croira en mesure de soutenir contre le Gouvernement.

Ainsi, de telles Institutions, qui basent le Pouvoir sur le bien moral, matériel et politique des électeurs, devront certainement rétablir l'ordre et la sécurité dans le Pays.

Mais le fonctionnement sûr et régulier de ces Institutions et les réformes qu'elles nécessitent demandent un Gouvernement fort, solide et dont la légitimité soit inattaquable.

Or, un semblable Gouvernement ne peut sortir que du suffrage universel; il doit avoir pour assises les pavois de tout un Peuple.

§ III. — SUFFRAGE UNIVERSEL

Il est impossible de le nier : aujourd'hui, le suffrage universel est en France le principe du droit public ; il est l'unique source de l'autorité reconnue par la Nation.

Nous n'examinons pas s'il y a là une erreur ; nous constatons un fait.

Or, ce que personne ne conteste et ce qu'ont admis tous nos Gouvernements depuis la première République, c'est le droit qu'exerce le Peuple de créer directement le premier Pouvoir de l'État, le Pouvoir législatif.

Et pourquoi lui refuserait-on celui de créer, de la même manière, le Pouvoir exécutif ?

Chose étrange ! Ce sont surtout ses élus au Corps législatif qui veulent priver le Peuple de l'exercice de ce droit souverain !

Pour eux, en effet, les électeurs usent d'un pouvoir légitime et d'une liberté intelligente et incorruptible, quand ils leur donnent leurs suffrages ; mais ils ne reconnaissent à ces mêmes électeurs ni le pouvoir, ni la liberté, ni la capacité nécessaires pour désigner la forme de Gouvernement qu'ils désirent ; et ils prétendent ainsi les suppléer.

Il est pourtant inadmissible que le mandataire puisse s'arroger un pouvoir qu'il ne reconnaît pas à son mandant. Et néanmoins, c'est vis-à-vis de leurs électeurs le cas des députés qui rejettent l'appel au peuple.

Cela est à la fois odieux et ridicule.

Ce qui fait défaut en France, c'est l'honnêteté politique. Tout homme de parti, qui d'ailleurs professe des principes d'honneur et de probité, devient partial, injuste et féroce dès qu'il s'agit de faire triompher ses préférences politiques. Il n'y a pas là seulement une erreur, il y a crime et même crime de lèse-nation.

Si les membres de l'Assemblée nationale voulaient mettre de côté leurs rancunes et oublier les intérêts mesquins de leur idole gouvernementale, pour ne prendre souci que des aspirations et des vœux du Pays, nous aurions, dans quinze jours, replacé la France sur la voie de la tranquillité et de la grandeur.

S'ils s'obstinent à ne pas jeter au Pays cette planche de salut, il est à craindre, hélas ! que le flot des révolutions ne nous engloutisse tout-à-fait dans le gouffre.

Voici des preuves à l'appui de notre assertion.

M. Thiers a dit, le 24 Mai 1873, à l'Assemblée nationale :

« Permettez-moi ici, Messieurs, de décrire votre état, qui
« est non pas tout à-fait celui du pays, car la proportion des
« opinions qui est ici (à l'Assemblée) n'est pas exactement
« celle qui est dans le pays...

« *Il y a d'abord une grande division, une très-grande divi-*
« *sion qui, à elle seule, suffirait pour troubler le pays : les uns*
« *veulent la monarchie, les autres veulent la république.* Vous
« êtes tous dans votre droit...

« Eh bien, ne sentez-vous pas... que *toutes les fois que*
« *nous touchons à ce grand sujet, on se divise en proportions*
« *presque égales?* Quand je m'adresse de ce côté (l'orateur dé-
« signe la droite), je trouve des conservateurs, je le reconnais;
« *mais j'y trouve aussi les représentants de trois dynasties.*
« Et si je me tourne à gauche, *n'y vois-je qu'une seule répu-*
« *blique?* Non, c'est vrai...»

Puis il ajoute : « Oui, le pays, on l'a dit souvent, le pays
« n'est point républicain. Voici ce qu'il y a de vrai, je l'ai dit,
« je le répète et je l'affirme : « *Oui, dans les classes élevées,*
« *qui sont préoccupées de l'ordre, et qui ont raison, il y a des*
» *appréhensions, des répugnances; mais dans les masses, ne*
« *vous y trompez pas, la République a une immense majorité.*»

Quelques voix à droite : « Non! »

Voix nombreuses à gauche : « Si! si! C'est la vérité. »

« Je ne veux blesser aucune opinion, continue M. Thiers,
« Dieu m'en garde! quand je sollicite, non pas pour moi,
« mais pour le pays, une appréciation juste de la situation,
« croyez que je ne serais pas assez malhabile, assez mal ins-
« piré pour vouloir blesser aucun de vous; *mais je vous dirai*
« *seulement que si les masses pensent ce que vous pensez, les*
« *alarmes que vous exprimez tous les jours sont bien peu*
« *fondées, et ce serait une bien grande contradiction de vous*
« *dire si effrayés,* SI LES MASSES SONT A VOUS .. Je n'hésite
« pas à dire que *le nombre est républicain...* »

Puis, après avoir constaté dans les rangs des républicains
un parti qui rassure et un autre qui effraye, M. Thiers con-
clut :

« *Il y a donc ici trois dynasties, là deux républiques.* Chacun
« dit : Voyez comme moi ! gouvernez dans mon sens !

« Il faut admettre que si on le dit d'un côté, on peut le dire
« de l'autre.

« De l'un et de l'autre, on dit également : Gouvernez avec
« moi, gouvernez dans mon sens, gouvernez selon mes vues !

« Que voulez-vous que fasse un Gouvernement dans cette
« situation ? Que de fois on m'a dit : Mettez-vous avec nous,
« nous vous suivrons.

« ... *Si, dans ce pays, vous faisiez un Gouvernement de*
« PARTI, *soyez convaincus que le* REPOS PUBLIC NE DURERAIT
« PAS LONGTEMPS... *Ce que je crois, je le répète, c'est que le*
« GOUVERNEMENT DE PARTI SERAIT DÉSASTREUX POUR MON
« PAYS.

Plus loin il ajoute : « Messieurs, soyons sincères, les uns et
« les autres. Oui, je le répète, c'est parfaitement respectable :
« *les uns tendent à la monarchie, les autres tendent à la ré-*
« *publique. Ce qui nous divise, ce qui fait l'embarras du*
« *moment, c'est surtout* CETTE QUESTION, *il n'y en a pas une*
« *autre...*

« Eh bien, voyons, mettez-vous à notre place : *Comment*
« *voulez-vous que nous la résolvions ?* Comment pouvons-
« nous nous y prendre ?

« ... On nous parle de la fidélité au pacte de Bordeaux ; et
« puis, chacun de son côté, — je ne fais pas le reproche aux
« uns sans le faire aux autres, — dit : Je ne reconnais que telle
« monarchie, pas la même, malheureusement ; — moi, je ne
« veux que telle république, nous n'en voulons pas d'autre !
« chacun proclamant la sienne ; et dans la presse, dans les
« banquets on tient là — permettez-moi de le dire — un lan
« gage attentatoire à l'ordre et au vrai repos des esprits. *Est-*
« *ce que vous croyez qu'une nation peut durer longtemps lors-*
« *que d'un côté on boit à la chute de la république, et que de*

« *l'autre on célèbre telle ou telle dynastie ?* Je ne fais de re-
« proche à personne ; mais quand on se livre à ses passions,
« on devrait comprendre qu'on provoque les passions con-
« traires.

« Eh bien, quand après deux ans et demi, et toutes les fois
« que le moment approchait où la question allait être soule-
« vée, quand nous avons vu les esprits s'enflammer, nous
« nous sommes dit : *Nous ne pouvons pourtant pas rester éter-*
« *nellement dans cette situation...* NOUS AVONS DONC PRIS
« NOTRE PARTI, et, permettez-moi de vous le dire, — je ne
« voudrais pas vous blesser, je ne voudrais pas vous déplaire,
« — mais savez-vous quelle est la raison qui m'a décidé, moi,
« vieux partisan de la monarchie, outre le jugement que je
« portais en considérant la marche générale des choses dans
« le monde civilisé ? *C'est qu'aujourd'hui, pour vous, pour*
« *moi, pratiquement,* LA MONARCHIE EST ABSOLUMENT IMPOS-
« SIBLE.

« Et je ne veux pas vous déplaire davantage en vous en
« donnant les motifs. Mais vous le savez bien, et c'est ce qui
« vous justifie de ne pas venir, au nom de votre foi, nous pro-
« poser le rétablissement de la monarchie ; car, enfin, ce serait
« votre droit. Puisqu'on propose ici telle ou telle république,
« vous avez le droit de proposer telle ou telle monarchie ? Pour-
« quoi, par exemple, quand la polémique s'engage entre vous
« et nous, vous hâtez-vous de dire : Non, ce n'est pas comme
« monarchistes que nous parlons, c'est comme conserva-
« teurs ! C'est, convenons-en de bonne foi, que vous-mêmes
« sentez que, *pratiquement, aujourd'hui, la monarchie est im-*
« *possible.* Je n'ai pas besoin d'en dire la raison encore une
« fois, elle est dans votre esprit à tous ; *il n'y a qu'un trône,*
« *et on ne peut l'occuper à trois.*

« *Et quand on nous dit qu'on est d'accord, oh ! oui, d'accord*
« *aujourd'hui, mais selon votre verdict, certainement on ne le*

« *sera pas après-demain. Oui, voilà la raison et la nécessité*
« *d'avoir un Gouvernement qui ne soit pas* CONTESTÉ *tous les*
« *jours,* bafoué tous les jours, ou contesté à ce point que,
« pour certains troubles où on avait poussé des cris séditieux
« et quand nous nous sommes adressés à la justice, elle nous
« a répondu : le principe du Gouvernement n'est pas consa-
« cré !... *Il n'est pas possible,* je le répète, *de vivre longtemps*
« *sans que le principe du Gouvernement soit établi et res-*
« *pecté.* »

Cette appréciation que, le 24 Mai 1873, M. Thiers portait de
la situation du Pays et des partis de l'Assemblée, était juste
alors, sous certains rapports, comme elle l'est aujourd'hui,
mais fausse sous d'autres.

Ainsi, il est incontestable que les députés monarchistes sont
impuissants à rétablir la royauté. Le rejet de la proposition de
M. le Duc de Larochefoucault-Bisaccia, pour la restauration
du trône des Bourbons, en est une preuve irréfutable. Et la
raison avancée par M. Thiers est saisissante : *Il y a parmi eux,*
disait-il, *une très-grande division qui, à elle seule, suffirait*
pour troubler le pays ; ils n'ont qu'un trône à donner et ce
trône ne saurait être occupé par les trois souverains qu'ils
présentent.

Mais il n'est pas moins certain que les républicains, tout
aussi divisés que les monarchistes, sont incapables de fonder
une république quelconque. L'échec de la motion Casimir
Périer, pour la proclamation de la République, a fort bien démontré la chose. La raison, d'ailleurs, en est aussi saisissante : « *Il y a* également parmi eux, continue M. Thiers, *une*
très-grande division qui, à elle seule, suffirait pour troubler le

pays; car, dit-il, *si je me tourne à gauche, n'y vois-je qu'une République? Non, c'est vrai..... Il y a..... là deux Républiques..... l'une qui rassure et l'autre qui effraye..... celui-ci en veut une, celui-là en veut une autre.. .. chacun proclame la sienne..... dans l'Assemblée, dans la presse, dans les banquets et dans les réunions publiques.*

« Et, Messieurs, dit-il aux représentants, *soyons sincères les uns et les autres.* Oui, je le répète, c'est parfaitement « respectable : les uns tendent à la monarchie, les autres « tendent à la république. Ce qui nous divise ici, ce qui fait « l'embarras du moment, *c'est surtout cette question*, il n'y en « a pas une autre.

« Eh bien, voyons, mettez-vous à notre place : comment « voulez-vous que nous la résolvions? Comment pouvons-nous « nous y prendre? »

Ainsi, avec un Gouvernement provisoire, *contesté tous les jours, bafoué tous les jours, sans principe consacré, il est impossible de vivre longtemps* et d'assurer le repos et la sécurité du pays.

Et *ne pouvant pas rester éternellement dans cette situation*, M. Thiers *a pris son parti*, celui de faire proclamer la République par une *Assemblée d'impuissants et d'incapables!* Tels sont ses aveux. Peut-on imaginer une solution plus illogique !

N'est-il pas en outre évident que l'Assemblée nationale, en proclamant *la République*, n'eût pas moins fait *un Gouvernement de parti* que si elle s'était prononcée pour *la Monarchie?*

Et, néanmoins, M. Thiers venait de dire aux représentants : « Si dans ce pays vous faisiez un *Gouvernement de parti*, soyez » convaincus que *le repos public ne durerait pas longtemps....*

« Ce que je crois, je le répète, *c'est que le Gouvernement de*
« *parti serait dangereux pour mon pays.* »

Donc, puisque l'Assemblée est impuissante à résoudre la
question et que cependant elle doit être au plus tôt résolue, il
est logique et impérieux de s'adresser directement à *Celui* qui,
seul, a le droit et le pouvoir de la résoudre ; c'est-à-dire au
Peuple souverain.

§ IV. — POUVOIR CONSTITUANT

Pour nous, nous n'hésitons pas à déclarer, même en dehors de ces considérations, que la proclamation d'un Gouvernement quelconque par l'Assemblée nationale ne serait qu'une désastreuse usurpation des droits incommutables du Peuple, et la stagnation fatale du Pays dans le cloaque sanglant des révolutions.

Remarquez en effet qu'aucune Assemblée ne peut avoir le droit ni la mission de déterminer une forme de Gouvernement; car le Peuple nomme des députés pour qu'ils fassent uniquement ce qu'il ne peut pas faire directement lui-même, par exemple : les lois et les traités. Mais par un plébiscite, il peut très-bien et en toute connaissance de cause, fixer le Système constitutionnel qu'il désire et nommer le Chef qu'il veut à sa tête.

Ainsi, l'Assemblée de Bordeaux a outrepassé ses pouvoirs en votant la déchéance des Bonapartes. Il n'appartient qu'au Peuple de défaire ce qu'il a fait; ses délégués n'ont pas pu le remplacer en cela, ils se sont arrogé un mandat qu'ils n'avaient pas et ils n'ont exercé qu'une autorité usurpée. Ils ont fait acte constituant.

Leur vote a donc été révolutionnaire et illégitime.

8

D'ailleurs, cela est si vrai que l'Assemblée ne saurait user de ce droit incommutable du Peuple sans nous jeter dans la guerre civile.

Et en effet, si les représentants de la Nation se décident à trancher la question constitutionnelle, ils nous donneront une monarchie ou une république.

Dans le premier cas, les républicains contesteront à main armée la validité du vote ; dans le second, les monarchistes opposeront une résistance énergique, et la Nation, tôt ou tard, rejettera par la violence ce que la violence lui aura imposé.

Ainsi les démocrates ne reconnaissent de compétence à l'Assemblée que pour proclamer la République, tandis que les monarchistes ne lui donnent que le droit de voter la Monarchie. Il faut donc provoquer un verdict national pour trancher cette question souveraine.

Et c'est, par conséquent, à un plébiscite que M. Thiers aurait dû demander la solution des difficultés que soulève l'établissement d'un Gouvernement définitif, et non à une décision de l'Assemblée nationale.

Quoi ! cette Assemblée se trouve au moins divisée en cinq partis bien tranchés et bien distincts, dont chacun revendique exclusivement le Pouvoir constituant ; et on lui demanderait de former un Gouvernement homogène, légitime, national et répondant aux vœux de la population ?

Quoi ! M. Thiers déclare, aux applaudissements de la gauche, *les monarchistes impuissants à fonder la Royauté*, *et les républicains*, aux applaudissements de la droite, *incapables d'établir et de faire fonctionner la République ;* et c'est néanmoins à de tels hommes qu'il s'adresse pour constituer un Système politique que les uns repoussent avec dégoût et dont les autres doivent être ignominieusement écartés ! ! Il constate qu'il existe entre eux *une très-grande division qui, à elle seule suffirait pour troubler le pays;* et c'est parmi ces éléments de trouble et de désordre qu'il va chercher des éléments d'ordre et de tranquillité ! !

N'est-ce pas le comble du ridicule et de l'absurde ! !

Et après tout, qu'ai-je besoin d'un représentant pour dire : « Je veux une République ou une Monarchie ; je nomme tel président ou je préfère tel monarque ? »

Est-il quelqu'un qui, mieux que moi, connaisse mes préférences et qui puisse les exprimer plus fidèlement ? Et chaque citoyen français ne se trouve-t-il pas dans le même cas ? Ne peut-il pas personnellement tenir le même langage et accomplir le même acte ?

Et si je me trompe ou si je me vends, je me trompe seul et ne vends que mon vote. Mais le député qui se trompe ou qui se vend, trompe des milliers d'électeurs et dispose indûment de leurs suffrages.

Et, d'ailleurs, est-il impossible qu'un discours éloquent, que des intrigues de partis, que l'appât des honneurs et des satisfactions de l'amour-propre et de l'ambition, captent les suffrages d'un certain nombre de députés et faussent ainsi les vrais sentiments de la majorité ?

Et même est-il admissible que le vote d'un représentant quelconque soit l'expression fidèle de la volonté de tous ses électeurs, lorsqu'il est certain que des monarchistes ont donné leurs voix à des républicains et que des républicains ont nommé des monarchistes ? Et ainsi, n'est-il pas au moins possible que la majorité de l'Assemblée se trompe sur les aspirations de la majorité du Pays ?

Non ! mille fois non ! ! Il n'y a que l'appel au peuple, l'appel direct, l'appel loyal et sincère, l'appel exempt de toute intrigue

et de toute pression **qui,** en rendant manifeste et certaine la
volonté du Pays, puisse, en toute vérité, en toute légitimité et
en toute certitude, nous donner un Gouvernement fort, national et commandant le respect.

Certes, quand les monarchistes prétendent que la majorité
est avec eux, M. Thiers a raison de leur dire : « Si les masses
pensent ce que vous pensez, les alarmes que vous exprimez
tous les jours sont bien peu fondées, et **ce** serait une bien
grande contradiction de vous dire si effrayés, si les masses sont
à vous. »

Et quand M. Thiers et le parti républicain émettent la même
prétention, n'avons-nous pas raison de rétorquer l'argument
et de leur dire à notre tour : « *Si dans les masses, la Répu-*
« *blique a une immense majorité ; si vous n'hésitez pas à dire*
« *et à répéter que le nombre est républicain,*— *les alarmes que*
« *vous exprimez tous les jours,* sur les résultats d'un plébiscite,
« *sont bien peu fondées, et ce serait une bien grande contradic-*
« *tion de vous dire si effrayés* d'un appel au peuple, *si les*
« *masses sont à vous.* »

M. Thiers était certes trop habile et trop clairvoyant pour
avoir négligé un tel moyen, s'il eût été convaincu que le Gouvernement qu'il rêve dût sortir de l'urne électorale.

§ V.   DANGER

Néanmoins, il ne faut pas se faire illusion. Si l'Assemblée nationale ne vote pas prochainement l'*appel au peuple*, le parti démocratique parviendra certainement à faire proclamer la République. Il est facile de donner la raison de cette éventualité.

Les monarchistes n'ont pu se coaliser contre M. Thiers et le renverser le 24 Mai 1873 qu'après s'être mutuellement promis de respecter le provisoire. Mais le jour qu'il faudra poser définitivement la question constitutionnelle, il est impossible que la scission la plus profonde n'éclate pas entre eux. Car si les royalistes tendent à s'assurer le triomphe, leurs dissidents et les bonapartistes voteront certainement avec les républicains, parce qu'ils préfèreront, à une royauté ennemie, un gouvernement qui devra bientôt s'effondrer et leur laisser le champ libre. Ce résultat ne peut être douteux.

Donc, encore une fois, la République aura pour fondateurs, d'un côté, ses plus exaltés partisans et, de l'autre, ses plus mortels ennemis. Les premiers prendront les mesures les plus radicales pour affermir leur domination et les seconds mettront tout en jeu pour l'abattre au moment favorable. Cet dénouement est inévitable.

D'un autre côté, si l'Assemblée actuelle ne peut pas réussir (ce qui n'est pas douteux) à voter un Gouvernement définitif et si elle refuse d'en appeler directement au Peuple, elle sera obligée de céder sa place à une Constituante. Or, s'il faut juger du résultat futur par celui des élections partielles, il est certain que, grâce à l'union des républicains et à la division des conservateurs, les premiers peupleront en majorité la nouvelle Assemblée. Dès lors, il devient impossible de prévoir les suites désastreuses d'un semblable événement.

Les royalistes ont compris tout cela. Aussi, se sont-ils comptés, ligués et mis à l'œuvre pour conjurer le danger. Mais ne vont-ils pas le précipiter et le rendre plus terrible?

Un fait d'une gravité incontestable et dont les conséquences pouvaient être immenses, a dévoilé aux Français les vraies tendances du parti monarchique de l'Assemblée.

La visite de M. le Comte de Paris à M. le Comte de Chambord à Frohsdorff, le 5 Août 1872, a, dit-on, amené la fusion des deux branches de la Maison de France.

Ce résultat doit être cher à tout cœur vraiment français. Quelles que soient nos préférences, nous devons nous en réjouir ; car il fait disparaître un parti et, avec lui, un élément de division. Si ces princes et leurs partisans demandent à un verdict national le couronnement de leur œuvre, ils auront bien mérité de la Patrie. Dans le cas contraire, ils ne feront qu'élargir la voie des révolutions.

Quoi qu'il en soit, M. le comte de Chambord a dû se faire une violence extrême pour serrer la main au descendant de l'empoisonneur des enfants de Louis XIV, au petit-fils du bourreau de son grand oncle, de l'usurpateur de sa couronne, de celui qui d'abord s'efforça d'entacher son berceau de bâtardise et qui plus tard verrouilla sa mère dans un cachot, après l'avoir couverte de honte et d'ignominie.

Si le rejeton de nos anciens rois considère la fusion comme une nécessité de salut national, il eût peut-être plus dignement agi en renonçant à l'héritage de ses pères, qu'en acceptant la cravate du prince de Condé, pour nouer l'écusson maculé de sang et de boue de la famille d'Orléans aux armes fleurdelisées de la Maison de France.

M. le comte de Chambord n'a cédé sans doute qu'à l'élan de son patriotisme. S'il a donc commis une erreur, il est d'autant plus excusable qu'elle lui coûte les plus grands sacrifices.

Néanmoins ce prince, en acceptant, comme légitime, la proclamation de la royauté par les députés monarchiques, ne peut plus désormais traiter d'usurpateur Louis Philippe que 221 députés élevèrent au trône de ses pères, en 1830. Ce que les premiers font légitimement aujourd'hui, les seconds ont pu le faire hier; car les droits des uns et des autres sont identiques.

Quant à nous, encore une fois, nous considérons comme illicite l'établissement d'un Gouvernement quelconque, en dehors de l'intervention directe du Peuple français. Nous avons déjà exposé notre doctrine.

Non, certes! l'Assemblée a beau revendiquer le droit de trancher la question constitutionnelle, elle ne le possède à aucun titre ; il lui est dénié par une partie notable de ses membres, par les principaux organes de l'opinion publique et par la grande majorité des électeurs. Ce DROIT SOUVERAIN appartient exclusivement à la Nation, *qui peut seule l'exercer directement.*

Et d'ailleurs, les députés royalistes, en consacrant les conséquences de la fusion, sont-ils sûrs de répondre aux vœux de leurs électeurs? peuvent-ils même protester qu'ils n'obéissent qu'à leurs propres convictions? Ne sait-on pas, en effet, que leur union ne s'est nouée qu'à l'aide de toutes sortes d'intrigues, de promesses et de concessions réciproques ?

Si leur projet réussit, ne vont-ils pas amener, *au détriment du repos et de la sécurité du pays*, suivant le langage de M. Thiers, le triomphe d'un parti, au lieu du triomphe de la volonté du Pays? Et s'il avorte, le Pouvoir ne passera-t-il pas entre les mains du plus féroce radicalisme, destiné, peut-être, à creuser la tombe de la nationalité française ?

M. le Comte de Chambord a dit maintes fois qu'il ne consentira jamais à monter sur le trône de ses ancêtres, s'il n'est appelé par la Nation, et dans son manifeste du 5 Juillet 1871, il a déclaré qu'il se placerait en face du vote universel honnêtement pratiqué. D'un autre côté, l'organe le plus accrédité des doctrines légitimistes, la *Gazette de France*, n'a cessé durant quarante ans *de réclamer l'appel au peuple*, et les royalistes de l'Assemblée n'ont renversé M. Thiers, le 24 Mai, que parce qu'il ne voulait pas respecter le pacte de Bordeaux, qui réservait à la Nation le droit de proclamer directement elle-même le Gouvernement de son choix.

Or, ce qui naguère était, pour M. le comte de Chambord et pour ses partisans de la presse et de l'Assemblée nationale, le seul moyen légitime de faire valoir ses droits, ne serait maintenant qu'un expédient ridicule et condamnable?

Sans nul doute, le parti royaliste, dont l'honnêteté et le patriotisme sont incontestables, croit servir les intérêts et les vues du Pays en relevant le trône de Charles X; mais les autres partis ne prétendent-ils pas être seuls capables d'atteindre ce même but en poursuivant le triomphe de leurs systèmes politiques?

Si donc les uns et les autres agissent de bonne foi, ils reconnaîtront toute la justesse du raisonnement suivant.

L'Assemblée nationale, en s'arrogeant le droit de trancher la question constitutionnelle, croit ou ne croit pas agir conformément aux vœux du Pays. Si oui, pourquoi hésiterait-elle à le consulter? — Si non, pense-t-elle faire acte de justice, de sagesse et de patriotisme en lui imposant un Gouvernement? Ou bien se dit-elle que le Peuple, ne valant pas la peine d'être consulté, doit être, sinon traité comme un troupeau de viles bêtes, du moins tenu en tutelle comme une famille de crétins?

Ah! nous l'avons déjà dit, les représentants n'agissent ni ne parlent ainsi quand ils vont briguer les suffrages de leurs électeurs.

Si, se laissant entraîner par l'esprit de parti, ils dédaignent la volonté nationale, qui peut seule inspirer les sentiments du vrai patriotisme ; s'il refusent de provoquer un plébiscite, qui peut seul donner une solution légitime à la question souveraine qui les divise, ils appelleront inévitablement sur notre infortunée Patrie les horreurs des plus sanglantes dissensions civiles qui furent jamais ; et si les baïonnettes de nos soldats ne viennent pas encore une fois protéger nos familles et nos foyers contre les hordes scélérates de la démagogie ; si un bras écrasant et implacable ne reconstitue pas l'ordre dans notre société ; si une voix puissante et terrible ne nous dicte pas les volontés d'un maître inexorable, nous aurons la douleur et la honte de voir l'étranger envahir de nouveau nos Provinces et démembrer impitoyablement notre malheureuse France.

§ VI. — M. THIERS

Oh ! M. Thiers a laissé échapper une solennelle occasion de prendre rang parmi les plus grands hommes et les plus grands patriotes de notre histoire.

Dans la mémorable séance du 24 Mai 1873, il adressait ces paroles aux membres de l'Assemblée nationale : « *Vous vous* « *rappelez peut-être l'image que j'employais* (à Bordeaux): « *lorsque ce noble blessé qu'on appelle la France aura recouvré* « *ses forces, alors plus calmes... vous pourrez, vous disais-je,* « *lui remettre son sort à lui-même et il en décidera.* »

Tel a été le pacte de Bordeaux ; tel M. Thiers le rappelle ; et quelques instants après, il propose, non pas de *remettre son sort à la France pour qu'elle en décide*, mais d'en décider souverainement lui même ; et si bien, qu'il se déclare résolu à quitter le Pouvoir si l'Assemblée ne se fait pas son complice en confirmant sa décision. — On sait ce qui est arrivé.

Si M. Thiers eût mis son éloquence entraînante, son immense talent, son incomparable habileté, l'ascendant de son expérience et de sa parfaite connaissance des hommes et des choses, *à faire voter l'appel au peuple*, il nous eût dotés d'un Gouvernement national et inébranlable; il eût clos l'ère des révolutions en France ; il nous rendait les beaux jours de nos grandeurs passées et il acquérait le titre glorieux de SAUVEUR DE LA PATRIE.

Mais en cette occurence, M. Thiers s'est montré ce qu'il fut toujours, conservateur quant au but et opiniâtrément révolutionnaire quant aux moyens. Il devait donc, malgré tout, ou tomber lui-même ou nous jeter dans un cataclysme.

M. Thiers a conspiré toute sa vie pour garder en mains les rênes de l'État, s'il les tenait déjà, ou pour les ressaisir, dès qu'elles lui avaient échappé. — Il ne supporte pas de rival, il veut gouverner souverainement et faire tout plier à sa volonté dominatrice. A tout prix il lui faut le pouvoir, et peu lui importe que ce soit un prince ou un argousin qui lui en ouvre les portes.

Toute sa politique a invariablement un objectif unique, LUI-MÊME, LUI en tout, pour tout et toujours. — Seul et tout seul. il a libéré le territoire ; seul et tout seul, il a obtenu les meilleures conditions de paix ; seul et tout seul, il possède la confiance de la Nation et de l'Europe ; seul et tout seul, il peut appliquer les principes d'une bonne et féconde politique ; seul et tout seul, il sait quelles institutions conviennent le mieux aux mœurs, au tempérament et au bien du Peuple français ; seul et tout seul, il comprend les intérêts sociaux, industriels et commerciaux du Pays ; seul et tout seul, il apprécie les tendances et les évolutions des sociétés modernes ; seul et tout seul, il prétend gouverner, administrer, légiférer et politiquer mieux que personne.

Telles sont les prétentions de M. Thiers.

Mais il est certain que seul et tout seul, il sait rapprocher, condenser et unir, selon lui, au profit du Pays, mais, en fait, au service de son ambition, les éléments les plus hétérogènes et les plus disparates dont se composent les diverses fractions politiques de l'Assemblée; enfin, que seul et tout seul, si la fortune lui remet encore en mains, pendant quelque temps, les rênes de l'État, il sera capable par les compromis, par les expédients et par les complaisances de sa politique tortueuse, de jeter la Nation dans la plus terrible des anarchies et d'amener les souverains étrangers à nous traiter comme des perturbateurs de l'ordre public européen.

En France, l'opinion publique porte toujours des jugements extrêmes sur les hommes et sur les choses. La vie politique de M. Thiers nous en est un exemple bien remarquable.

Il n'y a pas eu d'homme du Gouvernement de Juillet moins populaire que l'auteur des lois de Septembre.

Sous l'Empire, M. Thiers n'a attiré l'attention publique que par son alliance avec le parti démocratique. Sa popularité a fait explosion à la suite de sa mission diplomatique près les cours des grandes Puissances européennes, sous les hommes du 4 Septembre.

On se plaît à rappeler les conseils patriotiques qu'il a donnés au Gouvernement impérial et le ton de prophète avec lequel il a pronostiqué nos malheurs.

Certes, je suis loin de méconnaître le mérite de M. Thiers, les services qu'il a rendus, le tort qu'a eu l'Empire de ne pas l'écouter dans la question des nationalités, la reconnaissance que lui doit la Patrie des efforts qu'il a faits pour l'empêcher de courir à la défaite, pour lui procurer des secours, pour l'arracher à la domination étrangère, pour la sauver des fureurs de l'anarchie et pour la relever de ses ruines. Mais, d'un autre côté, je crois que personne n'a plus que lui contribué à nos malheurs publics.

Quoi qu'on dise, M. Thiers a été l'un des artisans les plus actifs des révolutions de 1830, de 1848, et d l'attentat du 4 Septembre.

Nous avons vu M. Thiers s'allier aux membres de la gauche, en 1868, pour s'opposer au vote et à l'exécution de la loi militaire. L'on sait les résultats désastreux de cette alliance et l'influence pernicieuse que la parole de cet homme exerça sur l'opinion publique à la suite des débats parlementaires.

Nous nous sommes borné à relater ses actes et n'avons pas voulu en rechercher la raison. D'ailleurs, le rôle politique qu'il a joué depuis quelques années, dans le parti démocratique, le met assez en évidence.

Si M. Thiers eût accepté la Présidence que l'Impératrice voulait lui déférer de la Commission de Défense, projetée par le Corps législatif dans les derniers jours d'Août 1870 ; si le 4 Septembre, à la dernière séance législative tenue sous sa présidence, il eût pris une attitude énergique et légale, au lieu de pactiser avec les factieux du moment, il est probable qu'il eût épargné à la France la majeure partie des malheurs qui l'ont depuis frappée.

Cet homme qui, au péril de sa popularité, et je dirai presque de sa vie, a combattu avec un indomptable courage la déclaration de guerre, n'a cependant fait aucun effort, même après sa mission diplomatique, pour amener les détenteurs du Pouvoir, en leur démontrant l'inanité de nos moyens de défense et l'impossibilité de compter sur des secours étrangers, à mettre, à tout prix, un terme à la guerre ; et après son entrevue avec

M. de Bismark, il n'a mis aucune énergie à convaincre ces mêmes hommes des avantages de faire la paix et du danger de continuer la lutte.

Et dès qu'il est monté au Pouvoir, au lieu de flétrir et de rejeter ces grands coupables, il les a associés à son Gouvernement ; il leur a même confié des portefeuilles et des postes diplomatiques ; ce qui semble, sinon la récompense de leur félonie, du moins l'approbation implicite de leur ineptie, si tristement désastreuse.

M. Thiers a fait plus encore : il a saisi toutes les occasions de justifier, soit devant l'Assemblée, soit devant les commissions, les actes des usurpateurs de Septembre et de faire leur éloge ; et, par contre, il n'a jamais manqué de rejeter sur l'Empire, avec une passion haineuse, toute la responsabilité des désastres qu'ils ont amoncelés sur la patrie.

Et cependant, il n'ignore pas qu'après notre défaite à Sedan, l'Empereur, soutenu par les Souverains d'Autriche et de Russie, obtenait la paix au prix de huit cent millions et sans cession de territoire ; et qu'ainsi tous les désastres subséquents doivent être imputés à ceux qui ont usurpé le Pouvoir pour continuer la lutte.

M. Thiers parle d'une façon et il agit d'une autre. Il réclame à ses adversaires toutes les libertés, mais il n'en accorde pas ; il condamne les actes arbitraires, et il cède souvent aux entraînements de son caprice et de sa passion ; il a combattu pendant dix-huit ans le Gouvernement personnel de l'Empereur, et il a exercé le pouvoir le plus absolu, le plus autoritaire et le plus personnel qui fut jamais ; il s'est plu maintes fois à proclamer la souveraineté de l'Assemblée, mais il a toujours voulu l'obliger à se plier à ses volontés ; il a souvent constaté la nécessité du suffrage universel, et il refuse non-seulement d'y recourir pour trancher directement la question constitutionnelle, mais il a mis tout en œuvre pour amener les représentants à sanctionner ses vues et moyens.

M. Thiers est tombé ; néanmoins, ne nous berçons pas de fausses espérances. La victoire que le parti monarchique a remportée sera bien éphémère et même désastreuse, si les conservateurs s'obstinent à ne pas recourir au seul moyen capable de nous donner un Gouvernement national.

La démagogie nous déborde. Supposons que M. Thiers eût été assez habile, assez énergique et assez extrême pour l'apprivoiser à son Gouvernement, pour la museler et même pour la dompter. Mais son successeur pourra t-il faire de même et empêcher toujours que nous soyons dévorés avec lui par le monstre ?

Il en est de la démagogie comme d'une bête féroce qu'on n'approche qu'au péril de sa vie : on doit l'abattre sans pitié.

Or, seul, un Gouvernement soutenu par la Nation est capable d'une telle œuvre, et ce Gouvernement ne peut sortir que du suffrage universel et direct. Là, et là seulement, est le salut du Pays ; s'obstiner à le chercher ailleurs, c'est courir à une ruine certaine.

En effet, le Gouvernement ainsi fondé sera fort et inébranlable ; car il s'appuiera sur la volonté et sur la puissance de tout un Peuple.

Ne pouvant pas être atteint dans son existence, il n'aura souci que des intérêts moraux et matériels des populations. Il accomplira sans obstacle les grandes réformes politiques et sociales dont nous avons déjà parlé ; il pourra restituer à la magistrature ses droits et son indépendance, rendre à l'armée et à ses chefs leur dignité foulée aux pieds par la démagogie et nous donner une représentation nationale, basée sur les intérêts du Peuple et non sur ceux des partis politiques ; il pourra faire refleurir le Catholicisme, assurer au Clergé sa mission d'instruire et de moraliser, rétablir l'enseignement sur les principes des bonnes et saines doctrines, museler la presse et en circonscrire l'action dans les limites d'une liberté inoffensive, écraser toute opposition, étouffer les partis adverses, réformer l'administration, réorganiser nos forces, refaire nos finances, payer nos dettes, rétablir le crédit public et national, rendre à l'industrie son activité, au commerce ses ressources, à l'agriculture son travail fécondant, au Peuple sa tranquillité et son bonheur, au Pays sa prospérité et sa force, et enfin il pourra de nouveau faire entendre sa voix dans le conseil des Souverains.

Ainsi nous aurons bientôt la France unie et compacte, puissante et redoutable des plus beaux jours de nos gloires séculaires, au lieu de ce peuple que les révolutions nous ont fait immoral et féroce, disloqué et servile, frondeur et lâche, orgueilleux et imbécile, sans noblesse et sans patriotisme.

Oui ! notre France redeviendra plus belle, plus florissante et plus grande que jamais ; elle reprendra vite et pacifiquement ses anciennes limites, et elle replacera sur sa tête, aux applaudissements du Monde entier, sa glorieuse couronne de Reine des Nations.

§ VII. — QUESTION

Mais ici se pose naturellement cette question : « Quel gouvernement aurons-nous ? »

Pour la résoudre, nous devons esquisser rapidement la situation des divers partis politiques qui se disputent le Pouvoir et peser les chances probables du succès de chacun d'eux.

§ VIII. — BRANCHE AINÉE

Les dynasties de nos anciens rois ont fait la France, et les longs siècles de leur règne furent des siècles resplendissants de la grandeur, de la gloire et la prospérité du nom français. Mais malheureusement la Révolution, en tranchant la tête du Roi-Martyr, a tranché la chaîne de la succession héréditaire et nous a tour-à-tour donné trois dynasties différentes et rivales.

C'est ainsi que l'unité politique a été détruite en France, au grand détriment du repos et du bonheur publics.

Si nous n'avions qu'une dynastie, toutes nos difficultés pendantes seraient aisément résolues, et bientôt l'unité politique, en rendant l'union au Pays, lui rendrait tous ses éléments de force et de prospérité.

Aujourd'hui la descendance directe de nos anciens rois n'a pour unique rejeton que le Comte de Chambord.

M. le Comte de Chambord est certainement l'un des princes les plus nobles, les plus accomplis et les plus dignes des respects de notre siècle. Il puise la plénitude de son droit dans le principe d'hérédité que les bourreaux de son grand oncle ont criminellement foulé aux pieds ; et certes, il a raison.

Aussi dédaigne-t-il l'intrigue et la conspiration pour rentrer en possession du trône de ses ancêtres. Il veut, non pas être fait, mais reconnu roi de France.

Sa grandeur d'âme, la noblesse de ses sentiments, l'élévation de son langage, la sublimité de son patriotisme et la rigidité de ses principes religieux et politiques lui ont justement acquis l'admiration universelle et l'estime de tous les partis.

M. le Comte de Chambord est l'homme du passé; mais il est, en même temps, l'homme du présent et de l'avenir. Et si, en digne fils des rois très-chrétiens, il veut ramener Dieu sur le trône et sur les autels de la Patrie ; s'il veut que nos insti tutions politiques et sociales soient rétablies sur les immortels principes de la foi de nos pères ; s'il veut que l'État favorise la propagation des saines doctrines parmi le Peuple ; s'il veut enfin que les grands noms de nos grandes familles françaises conservent leur légitime prestige, il veut aussi que les préférences religieuses de chacun de ses sujets soient respectées, que les progrès modernes prennent un noble et légitime essor, que les droits et les devoirs sociaux soient les mêmes pour tous et que, devant la loi, il y ait é_alité parfaite pour chaque citoyen.

S'il y a donc un prince capable de faire le bonheur du Peuple français, c'est incontestablement M. le Comte de Chambord.

Mais le principe de la légitimité a été si fortement combattu, en France, par toutes les écoles contraires et sous tous les Gouvernements qui ont occupé le Pouvoir depuis la fin du dernier siècle, que la dynastie de nos anciens rois n'est guère populaire et ne rappelle à l'esprit des masses, à tort sans doute, que le régime de la faveur et du privilége.

§ IX. — BRANCHE CADETTE

Le nom de la branche Cadette est plus populaire et compte bien des partisans dans la classe bourgeoise.

Pendant les dix-huit années de son règne, la conquête de l'Algérie a été terminée et affermie; la France s'est sillonnée de grandes voies; elle a commencé ses réseaux de chemins de fer et inauguré les communications télégraphiques; le commerce a pris de l'extension, l'industrie de l'activité et le bien-être général s'est considérablement amélioré.

Mais le premier roi de cette race avait sacrifié les intérêts du Peuple à deux cent mille censitaires, qu'il gratifiait de toutes les faveurs de son Gouvernement; il avait poussé la société française, par la faveur qu'il accordait à l'éclosion de toutes les doctrines anti-sociales, vers cette décadence générale et profonde, dont nous recueillons, en ce moment, les fruits amers; et, par les basses complaisances de sa politique extérieure, il avait réduit la Nation à n'avoir qu'un rôle secondaire dans les Conseils de l'Europe.

Les princes de la famille d'Orléans avaient emporté en exil les sympathies de la majeure partie de la population. Mais quand, dès leur retour, ils ont exigé de la France agonisante et dépouillée les quelques millions distraits de leur colossale fortune, on s'est rappelé avec dégoût l'égoïsme proverbial de leur père et l'ingratitude dont il s'est rendu coupable, en se servant, pour renverser les Bourbons, des biens qu'il tenait de leur libéralité.

L'usurpation est le berceau de leur royauté, et leur blason portera toujours la tête sanglante de Louis XVI.

§ X. — DYNASTIE IMPÉRIALE

La dynastie impériale est la plus populaire et celle qui réunit les sympathies du plus grand nombre.

Le Français aime toutes les gloires ; mais la gloire des armes remue plus profondément que toute autre sa nature guerrière et jette la Nation tout entière dans le délire de l'enthousiasme.

Aussi, depuis la conquête des Gaules par les Romains, seuls, les quatre grands noms de César, de Charlemagne, d'Henri IV et de Napoléon, sont restés dans les traditions populaires, et malgré l'auréole d'immortalité dont l'entourent toutes les grandeurs de son siècle, celui de Louis XIV n'est pas gravé dans le souvenir des masses.

Napoléon, auquel il n'a manqué que la foi de Charlemagne pour être le monarque le plus grand et le plus complet des temps anciens et modernes, se présente à l'esprit du peuple, non pas avec le prestige des œuvres immortelles de son génie organisateur, mais avec le cortége de ses innombrables victoires, qui élevèrent la gloire du nom français au-dessus de toutes les gloires humaines. Et telle était l'idée que le peuple se faisait de la puissance de ce génie étonnant, qu'il l'a toujours cru invincible et que toujours il a attribué à la trahison seule ses revers et sa chute.

Le seul prestige de ce nom immortel et le souvenir de toutes les grandeurs qu'il rappelle ont fait acclamer le second Empire par l'immense majorité de la Nation. D'ailleurs, alors comme aujourd'hui , la France , acculée sur les bords de l'abîme par la démagogie, sentait le besoin, pour se sauver, de se donner un Gouvernement fort et énergique.

Le second Empire n'a pas failli à sa mission; il nous a rendu en effet la sécurité et la grandeur en étouffant l'anarchie, et il a été pour notre Pyas une ère de prospérité inconnue dans les annales de son Histoire.

Il replaça la France à la tête des Nations ; et dès son avénement, le commerce et l'industrie prirent un si grand développement et l'agriculture multiplia si prodigieusement les produits du sol que la richesse publique était à son comble.

Le Gouvernement impérial a couvert le territoire français d'un immense réseau de chemins de fer ; il a tracé des routes nombreuses ; il a creusé des canaux et des ports, établi entre tous les points extrêmes des communications télégraphiques, favorisé toutes les œuvres grandes et utiles, élevé le crédit national à un niveau inouï, popularisé l'instruction, amélioré le sort du travailleur, généralisé le bien-être, embelli et assaini les grands centres de population et fait de Paris la ville la plus magnifique et la plus grandiose du monde.

Cependant, nous l'avons déjà dit, l'Empire, en favorisant par sa politique extérieure, aux applaudissements du parti démagogique, l'unification de l'Italie et celle de l'Allemagne et en laissant usurper le Pouvoir temporel de la Papauté, compromettait d'un côté la sécurité même de la Nation, et de l'autre il se dépouillait de cette prépondérance morale que lui assurait, sur l'Univers catholique, son titre de défenseur des droits du Saint-Siége.

L'Empereur s'était laissé entraîner ; il avait été trompé et il s'était trompé.

Un jour il voulut réparer de telles fautes. Mais l'opposition, qui l'avait poussé à les commettre, brisa entre ses mains tous ses moyens d'action.

Et quand l'invasion, comme un ouragan de feu, passa sur nous en ne laissant partout que des ruines, les hommes qui l'avaient provoquée lui aplanirent toutes les voies en semant la discorde dans nos grandes villes et en désorganisant nos pouvoirs civils et militaires, le jour qu'ils ont consommé leur criminelle usurpation.

Et comme ils se sentent écrasés sous le poids de leurs forfaits, ils éprouvent le besoin d'en rejeter toute la noirceur sur le dernier Gouvernement.

Mais, vains efforts ! La mémoire de Napoléon 1er resta chère à la France, même après Waterloo ! Ainsi, la mémoire de Napoléon III, même après Sedan et après toutes les infâmies que les démagogues ont vomies contre ses actes et contre sa personne, restera dans le cœur de ce même Peuple français, qui l'acclama deux fois par huit millions de suffrages !!

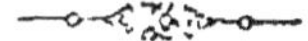

§ XI. — RÉPUBLIQUE

Le parti républicain est le plus turbulent et le plus audacieux ; mais il est en minorité. Le nombre considérable d'abstentions et les suffrages donnés aux monarchistes dans les diverses élections, qui ont eu lieu depuis la chute de l'Empire, rendent ce fait incontestable.

D'ailleurs il est certain que ce régime, goûté par la population flottante et interlope des grands centres, qui pourtant, quoi qu'on dise, ne constitue pas la majorité, même dans les villes les plus importantes, épouvante à bon droit le Peuple, qui en redoute les actes anarchiques et révolutionnaires.

La grande masse de la Nation n'est pas républicaine. Les démocrates le savent si bien qu'ils cherchent, même au mépris de sa volonté, à nous imposer le joug de leur domination.

Le suffrage universel doit le jour au régime républicain, qui en a fait la source et l'expression de l'Autorité souveraine. Et néanmoins, les partisans de ce régime, craignant en ce moment d'être rejetés par la population, n'osent pas confier leur sort au jugement direct du Peuple. Au contraire, pour que ce verdict national ne prononce pas la déchéance de leur Gouvernement, ils ont toujours le soin, dès qu'ils sont les maîtres, de disposer le mécanisme du pouvoir électif, de telle façon qu'il amène infailliblement le triomphe de leurs candidats.

Ainsi, il est incontestable, au temps présent surtout, que le vote est un devoir dont on ne saurait impunément s'affranchir. Le législateur devrait donc le rendre obligatoire, afin qu'il fût la manifestation vraie et complète de la volonté nationale.

Or, sous le faux prétexte qu'une telle obligation porterait atteinte à la liberté individuelle, mais, en réalité, par crainte d'avoir le dessous, certainement les républicains la combattraient à outrance. Ils sentent en effet que le jour où tous les électeurs voteront sera le dernier jour de leur domination.

Au reste, les démocrates ont toujours habilement su disposer les moyens les plus efficaces, quant au but et quant à leur sécurité personnelle.

Le principal est, sans contredit, l'abolition de la peine de mort pour crime politique. C'est une mesure essentiellement subversive de l'ordre social. Elle ouvre libre carrière à tous les complots et assure l'impunité aux plus fougueuses ambitions. Cela convient donc souverainement aux démagogues.

Il est à remarquer que les républicains ont toujours réclamé l'abolition de toute peine de mort. Et néanmoins, plus que personne, ils ont abusé de cette peine ; car, pour monter au Pouvoir ou pour y rester, ils n'ont jamais reculé devant les massacres et les exécutions les plus révoltantes. Et s'ils brûlent la guillotine, c'est pour la remplacer aussitôt par un instrument plus expéditif, par l'*arme à feu*.

L'Europe ne recouvrera le calme et la sécurité que le jour où la peine de mort pour crime politique sera partout rétablie, que les conspirateurs ne trouveront plus asile sur le sol étranger et que des traités d'extradition absolue seront intervenus entre les Souverains.

Il y a certes parmi les républicains des hommes fort res-
pectables ; mais ils sont malheureusement en très petit
nombre.

Aussi, à chaque éruption de la République en France, les
hommes à bas instincts (et ils sont nombreux dans ce parti)
finissent-ils bientôt par dominer et par semer partout le désordre et la terreur. C'est ainsi que nos trois républiques nous
ont toujours amené la guerre civile et que le nom seul de ce
système politique épouvante les populations, tandis qu'il fait
tressaillir d'une féroce espérance les gens de désordres, qui en
attendent l'occasion de donner libre carrière à leurs ambitions criminelles.

Toutes les fois qu'il s'est emparé du Pouvoir, ce parti a tout
disloqué : magistrature, armée, religion, crédit, commerce et
industrie, rapports publics et internationaux, et il a toujours
été cause d'une perturbation générale.

Les trois républiques coûtent à la France plus que ne lui
ont coûté les revers des longs siècles de sa monarchie.

Ainsi la première, malgré ses vols, ses pillages, ses colossales confiscations et ses quarante-trois milliards d'assignats,
aboutit à la banqueroute ; la seconde, malgré l'impôt des qua-
rante-cinq centimes et les valeurs qu'elle trouva dans les
caisses de l'État, épuisa, en quelques jours, toutes les ressources pécuniaires de la Nation ; et la troisième, qui nous
coûte cinq milliards d'indemnité de guerre et dix milliards
de dégâts, a dépensé, dans les six premiers mois, plus de deux
milliards et demi de francs, sans pouvoir justifier l'emploi de
la moitié de cette somme phénoménale.

Il est donc probable, s'il faut juger de l'avenir par le passé,
que le régime républicain n'est pas destiné à faire le bonheur
du Peuple français.

D'ailleurs la République, en rendant toute alliance impossible, mettrait la France dans un isolement complet.

Il n'y a en effet d'alliance sérieuse qu'entre des peuples dotés d'un Gouvernement régulier et durable.

Or, le système électif, appliqué à la nomination du Chef du Pouvoir, ne peut offrir aucune des garanties qu'exige la sanction d'une alliance; et c'est pourquoi, même abstraction faite de l'incompatibilité des principes, toute monarchie européenne regardera comme son ennemie la République française.

Cet aveu a échappé en ces termes à M. Thiers, à la séance du 24 Mai 1873 :

« J'ose dire à ceux qui prétendent que nous n'avons pas
« d'alliances qu'ils se font une étrange idée de notre situation
« aux yeux de l'Europe. Je pourrais, s'il m'était permis,
« pour ma satisfaction personnelle, de faire connaître l'état
« vrai des sentiments de l'Europe, je pourrais, dis-je, les
« étonner beaucoup.

« Des alliés, Messieurs ! dans l'état du monde, après la
« politique insensée qui a brisé ce qu'on appelait l'équilibre
« européen, qu'elle affectait de mépriser, *il n'y a plus d'alliés*
« *pour personne. La vraie alliance, elle est dans l'estime qu'on*
« *inspire.* Eh bien, je l'ose dire, la France, en montrant une
« vitalité si grande, a presque réparé par cette vitalité l'at-
« teinte que ses défaites avaient portée à son prestige. On
« croit à la France en voyant la conduite de son Gouver-
« nement, qui n'a qu'un mérite, mais un mérite qui est peut-
« être réel : c'est la conséquence de sa conduite..... *Eh bien,*
« *je le dis, la véritable alliance est l'estime qu'on inspire à*
« *l'Europe.....* »

Or, M. Thiers veut nous cacher l'impuissance du régime

républicain et nous donner le change quand il s'écrie : « Après la politique insensée qui a brisé ce qu'on appelait l'équilibre européen, il n'y a plus d'alliés pour personne ! » Car, il le sait bien, l'Empire, *même après sa politique insensée*, avait des alliés puissants, que les usurpateurs de Septembre, par lui inspirés, soutenus et encouragés, ont éloignés de nous ; il le sait bien, *l'un de ces alliés puissants proposa de marcher à notre secours* à des conditions qu'eût certes acceptées avec empressement tout autre que Gambetta, qui aurait préféré le salut de la Patrie aux folies désastreuses d'une grotesque dictature ; il le sait bien encore, parce que la démocratie française est suspecte aux Puissances européennes ; les trois Souverains de Russie, d'Allemagne et d'Autriche ont, à leur entrevue de Vienne, arrêté les préliminaires d'une triple alliance, devenue probablement définitive à cette heure.

Quoi ! *notre véritable alliance serait l'estime que nous inspirons à l'Europe*, et nous ne saurions en espérer une autre ? En vérité, un tel appui est bien peu propre à fortifier notre puissance ! Et s'il arrive que le Gouvernement de la République n'inspire que peu de confiance, ce qui ne manquera pas de se produire, cet expédient, de l'invention et du goût de M. Thiers, nous fera même défaut ! Quelle fiction ! Quelle astuce ! Ah ! la vérité est que vous êtes suspects et que l'Europe ne veut pas de vous !

Il est certain que jamais, dans le passé, l'indépendance d'une nation, quelque puissante qu'on la suppose, ne fût ni moins sûre, ni plus éphémère qu'elle l'est de nos jours.

Le perfectionnement des armes et la rapidité de locomotion rendent l'asservissement d'un peuple par un autre peuple plus facile que jamais. Il est donc nécessaire de tout prévoir, de ne rien laisser en risque et de se parer puissamment des embûches de l'ennemi.

La Prusse, qui est pratique et prévoyante, sait fort bien qu'elle doit à une surprise ses faciles victoires et que le jour de la vengeance se lèvera tôt ou tard pour la France.

Or, pour se garer du danger d'une telle éventualité, elle veut se faire des alliés. Et afin de gagner à sa cause la Russie et l'Autriche, elle ne manque pas de prétexter la nécessité d'une entente et d'une étroite union des grandes Puissances continentales, pour être en état d'écraser la démagogie, qui menace de renverser partout l'ordre social.

D'ailleurs M. de Bismarck a commis une faute politique d'une extrême gravité, en entamant notre. territoire. Il a mis la France dans la nécessité de recommencer une guerre qui aboutira à la ruine de l'une des deux nations.

Il aurait dû nous écraser tout à fait ou nous vaincre par la générosité après nous avoir vaincu par les armes. Il sent toute la gravité de sa faute et l'importance suprême de défendre sa patrie de ses conséquences. Et c'est ainsi qu'il s'efforce de nouer une coalition européenne pour nous écraser, à son heure, sans pitié ni merci.

Il faut donc que la France cesse d'être ce qu'elle est depuis quatre-vingts ans, l'officine de tous les bouleversements sociaux et politiques dont l'Europe est victime.

Or, si la République est demandée par la grande majorité de la Nation, il est incontestable qu'acclamée par les conservateurs, elle offrira toutes les garanties d'ordre et de stabilité. Dès lors, l'Europe l'acceptera avec confiance et laissera la France reprendre sa place dans le concert des grands États. Aussi, dans ce cas, la saluerions-nous avec toutes les joies que donnent l'espérance et l'amour de la patrie.

§ XII. — SEPTENNAT

Le provisoire ne saurait se maintenir indéfiniment;
exigera, à son heure, une solution définitive.

M. le maréchal de Mac-Mahon, qui est la plus pure person-
nification de l'honneur et du patriotisme , doit conserver le
Pouvoir jusqu'au jour où l'apaisement des passions politiques
et la soumission ou l'écrasement des factieux permettront la
restauration d'un Gouvernement régulier.

Désigné par l'opinion publique et nommé par la majorité
conservatrice de l'Assemblée, il se doit et il doit à la France,
par une politique droite et ferme, de prendre toutes les mesures propres à favoriser l'avénement d'un Système gouvernemental conforme à la volonté nationale.

Or, la France sait qu'elle peut compter sur lui; il ne faillira
pas à son devoir.

Après la guerre, M. Thiers était seul l'homme du provisoire,
parce que seul, il avait assez d'habileté, de finesse et de popularité, pour tenir sous sa main tous les partis, en diriger les
efforts vers la paix et les utiliser pour l'acquittement de nos
dettes de guerre, pour la libération du territoire et le rétablissement de l'ordre public.

Sa mission se bornait là; dès qu'il a voulu la dépasser, en essayant de trancher la question constitutionnelle, il a été renversé.

Suspect aux démocrates, à cause de son passé et de ses principes royalistes; non moins suspect aux monarchistes par ses nouvelles tendances républicaines, M. Thiers était ob'igé, *dans son essai loyal*, de faire de la politique d'alliage, et de mettre un pied à droite et l'autre à gauche, pour se maintenir en équilibre. Le jour où il s'est penché plus d'un côté que de l'autre, un étai lui a manqué et il est tombé.

S'il fût resté fidèle au pacte de Bordeaux, il eût, en quittant la vie, emporté dans la tombe les bénédictions de tout un Peuple et laissé une mémoire digne du respect et de l'admiration de la postérité. Il n'a pas su.

M. le Maréchal de Mac-Mahon ne commettra pas la même faute. Ne voulant ni méconnaître ni laisser méconnaître les droits du Peuple, il confiera certainement au Pays le soin de se donner un Gouvernement définitif.

Le 24 Mai 1873, M. le Maréchal de Mac Mahon a été nommé, par l'Assemblée nationale, Chef du Pouvoir exécutif, et la durée de son mandat a été fixée à sept ans, le 20 Novembre suivant.

Il est fâcheux qu'à l'une ou l'autre de ces deux dates ses attributions n'aient pas été définies; car, depuis lors, son Cabinet a essayé, mais en vain, d'obtenir l'organisation des droits présidentiels. Cependant l'Assemblée avait promis de trancher cette grave question, qui avait déjà été cause du renversement de M. Thiers; mais elle a toujours reculé, dès qu'elle a été mise en demeure de se prononcer.

Nous n'avons pas à examiner si une Assemblée, même souveraine, peut, en droit, revêtir son délégué d'un pouvoir capable d'excéder le sien propre en durée. Ce qu'il y a de sûr, c'est que ce point important a été diversement débattu par les intéressés, et qu'il pourrait, à un moment donné, causer de graves complications parlementaires.

On sait que le Cabinet actuel a résolûment déclaré, à la Commission constitutionnelle, vers la fin de la précédente session, qu'en appelant à la Présidence M. le Maréchal de Mac-Mahon et en fixant à sept années la durée de son mandat, l'Assemblée a épuisé son pouvoir constituant et qu'elle ne saurait ainsi revenir sur sa décision. De son côté le Maréchal a protesté, en mainte circonstance, qu'il maintiendra sa mission jusqu'à la fin.

On sait aussi que certains organes de la légitimité à l'Assemblée et dans la presse combattent cette déclaration. Le mandant, disent-ils, a le droit de révoquer son mandataire et il est de l'essence même de la souveraineté de pouvoir défaire ce qu'elle a pu faire. Nous n'examinerons pas qui a tort ou raison.

Quoi qu'il en soit, il n'en est pas d'un soldat comme d'un avocat. S'il est appelé au Pouvoir, le premier a la puissance de le garder, malgré toutes les réclamations de ses commettants; car il s'appuie sur toute la force matérielle de la Nation. Le second, au contraire, ne compte que quelques bourgeois intéressés ou enthousiastes et des compères qui sont bien aises de voir la place vide, dans l'espérance de l'occuper. L'Assemblée nationale n'a donc qu'à baisser la tête et à se croiser les bras, elle est impuissante à renverser ce qu'elle a élevé.

Cependant, même en restant dans les limites du droit constitutionnel, l'Assemblée, si elle était hostile au Maréchal, pourrait absolument paralyser son pouvoir.

Et en effet; elle a pris, en vérité, l'engagement de définir les attributions présidentielles; mais elle n'a pas déclaré quelles seraient ces attributions; elle a voulu, par conséquent, rester maîtresse de les établir. Or, si par impossible, elle restreignait tellement les droits du Maréchal, qu'elle ne lui laissât qu'une autorité, sinon nulle, du moins fort insuffisante pour gouverner, ne le mettrait-elle pas dans la nécessité de se démettre ou de briser ses entraves à coups de sabre ?

Si l'on examine la question à un autre point de vue, on voit surgir des embarras d'une gravité extrême.

Le pacte de Bordeaux fut brisé, le jour que l'Assemblée fixa la durée des pouvoirs du Président.

Mais supposons que nos représentants, voulant enfin revenir à ce pacte, aient recours à un plébiscite pour trancher la ques tion constitutionnelle et que le verdict national rétablisse la Monarchie ou l'Empire; ou bien, supposons encore que, durant la période septennale, une Constituante rappelle les Bourbons ou les Bonapartes. Est-ce que, néanmoins, le provisoire se maintiendrait jusqu'en 1880, sous la Présidence du Chef actuel de l'État ?

D'un autre côté, si, en dehors de cette hypothèse, le provisoire ne saurait cesser en droit, avant le terme assigné, chacun des partis qui aspirent à devenir définitifs, peut et doit même, en restant toutefois dans les limites légales, préparer les voies et moyens du triomphe de sa cause. Sans cela, la solution définitive serait abordée à l'improviste, et une surprise habilement ménagée pourrait substituer au provisoire un définitif illégitime.

Or, est-il possible que, durant six années encore, les partis restent en présence, avec la liberté de s'organiser les uns contre les autres, sans que le Pays en souffre? Est-il possible de les empêcher de s'agiter, eux qui représentent la Nation entière, et de les contenir dans le silence et l'inaction? Est-il possible enfin que le Cabinet, nécessairement composé d'hommes politiques, ne favorise pas, même malgré lui, les efforts de ses coreligionnaires et ne combatte pas les dissidents? Mais, prétendre le contraire serait nier la nature humaine !

On a donc beau proclamer la trève des partis, cette trève ne peut être qu'éphémère, même avec l'organisation des pouvoirs du Président.

Le provisoire accuse, sans lui donner un terme, la permanence de nos divisions intestines. Et si CEUX qui méditent notre ruine ont empêché d'y mettre fin, c'est que le définitif, en nous rendant la force avec l'union, ferait obstacle au succès de leurs desseins.

La situation est donc absolument fausse et elle pourrait bien amener un dénouement désastreux.

Il fallait que les deux pouvoirs eussent une seule et même existence; il fallait que la fin de l'un entraînât la fin de l'autre. Et puisqu'il est tout à fait impossible que l'Assemblée nationale dure autant que le Septennat, les difficultés que nous venons de signaler ne manqueront pas de se produire.

Le Septennat n'est qu'un homme, il n'est pas une institution; il est un expédient et non une solution. Et dès qu'il ne représente rien de définitif, qu'il n'est ni république ni monarchie, condamné à subir toutes les fluctuations de la Chambre, il ne peut avoir qu'une politique de tâtonnement et n'exercer qu'une autorité d'emprunt. Aussi, malgré le bon vouloir de son illustre Chef et les efforts qu'il fait pour ramener la prospérité, le Pays reste dans une stagnation désespérante.

Cependant nous devons avouer que l'Assemblée, en s'occupant plus de politique que des affaires du Pays, a paralysé l'action du Gouvernement et maintenu l'état de marasme et de faiblesse, dont nous souffrons depuis nos malheurs.

Le provisoire, surtout en France, exige la Dictature d'un seul homme. C'est, en effet, la dualité du Pouvoir qui nous a valu les journées de Juin en 1848 et la Commune en 1871, tandis que la puissance dictatoriale du Premier Consul et celle du Prince Louis-Napoléon ont arrêté le flot des insurrections et ramené la tranquillité dans le Pays.

Si donc M. le Duc de Magenta avait été maître souverain, il est probable qu'il aurait relevé les forces nationales, en consacrant à la réorganisation de nos moyens de défense la majeure partie de nos ressources pécuniaires.

Oui ! il fallait agir en maître et tout arrêter pour ne s'occuper qu'à fortifier nos places de guerre, augmenter notre marine e créer une formidable armée avec un armement formidable. Aujourd'hui, nous relèverions fièrement la tête, et si l'on voulait nous obliger à reconnaître M. Serrano ou à rappeler l'*Orénoque* des eaux de Civita-Vecchia, mettant la main sur la garde de notre épée, nous pourrions répondre : Non ! !

Au contraire, si demain il prenait fantaisie à M. de Bismarck de réquisitionner nos chemins de fer, pour faire traverser notre territoire jusqu'à la frontière espagnole par une armée allemande, que devrions-nous faire ? Nous écarter en silence et laisser la voie libre !

Hélas ! nous ne saurions ni résister ni trouver un appui auprès des autres nations.

Eh, mon Dieu ! il y a pis encore ! car en considérant l'attitude de certains États à notre endroit, nous sentons, avec une profonde tristesse, que notre sort n'est que trop semblable au sort du lion devenu vieux dont parle la fable.

Nous sommes à la merci de l'étranger et nous ne voyons pas comment un provisoire quelconque pourrait avec la vie sociale nous rendre notre indépendance.

Et certes, des intrigues et des manœuvres de Cabinet ne sauraient mettre un terme à nos incertitudes, ni fixer nos espérances. Au contraire, nos angoisses n'en deviennent que plus poignantes.

Il semble, depuis longtemps, que le seul objectif de la politique intérieure du ministère soit l'effacement complet de ceux qui firent le Successeur de M. Thiers. Évidemment cette tactique poursuit un but. Loin de nous la pensée d'accuser de partialité M. le Duc de Magenta, il est certainement étranger à toutes les intrigues: nous sommes au contraire convaincu que, voulant remplir sa mission jusqu'au bout, il ne favorisera jamais personnellement un parti au détriment des autres ; qu'il saura, d'où qu'elle vienne, déjouer toute tentative factieuse et se garer de toute surprise, pour provoquer à son heure une solennelle et décisive manifestation de la volonté nationale. Cette action sera l'une des plus belles de son illustre carrière et lui vaudra, dans l'histoire, le titre glorieux de Sauveur de la Patrie.

Tous ceux donc qui ont souci des intérêts du Pays doivent se rallier au Septennat, le soutenir et le défendre.

§ XIII. — UN INCIDENT

epuis la chute de M. Thiers, les partisans de la branche cadette occupent le Pouvoir et les principaux emplois de l'État. Le Cabinet, les préfets et les hauts fonctionnaires sont généralement orléanistes ; de sorte que tout le mécanisme administratif et politique fonctionne exclusivement sous leur impulsion personnelle. On a confié même des postes de haut rang à des généraux récemment convertis, et ce n'est pas sans porter atteinte à l'égalité devant la loi que les Princes d'Orléans ont pris rang parmi les officiers de l'armée et que le Duc d'Aumale a été mis à la tête d'un grand commandement militaire, tandis que le Prince Napoléon, général au même titre, a été impitoyablement écarté.

Ce n'est certes pas que nous nous intéressions à ce triste personnage, peu digne à tous égards des sympathies d'un honnête homme ; nous voulons seulement constater que son droit est aussi certain que celui du Duc d'Aumale et que le pouvoir, qui a reconnu l'un, n'a pu méconnaître l'autre sans violer la loi.

Mais enfin, tout cela indique assez clairement les tendances d'un parti.

§ XIV. — UNE MAXIME.

L'usurpateur Philippe, roi de Macédoine, disait : « Il n'y a
pas de montagne si escarpée qu'un mulet chargé d'argent
ne gravisse; ni de serrure qu'une clef d'or ne puisse ouvrir. »

La vérité de cette maxime et son efficacité pratique n'ont
certes pas été méconnues du Comte de Cavour et le Prince de
Bismarck ne les a point non plus ignorées. Les hommes du
Quatre Septembre et leurs compères les communards partagent
sur ce point l'avis du père d'Alexandre-le-Grand, quoiqu'il ne
fût pas démocrate; les publicistes libéraux d'Angleterre et de
Belgique et les coryphées du radicalisme en France sont loin
de le désavouer et les fiers républicains de Suisse et d'Espagne
y applaudissent des deux mains. .   .   .   .
  .   .   .   .

Or, les aspirants aux portefeuilles et aux hauts emplois administratifs, militaires et autres, qui sont ma foi très-nom-
breux, ne sont pas tous dotés des biens de la fortune, mais ils
ont tous des besoins à contenter et une ambition à satisfaire.

Il n'y a là certes rien qui ne soit légitime. .   .   .   .
  .   .   .   .

Heureusement, les d'Orléans, qui possèdent des richesses
colossales, sont généreux, bienfaisants, toujours prêts à obli-

ger et très-experts dans l'art de trier leurs protégés. Leur famille d'ailleurs compta toujours dans son sein plus d'habiles racoleurs que de brillants capitaines. . . . .

. . . .

. . . . CAVEANT CONSULES . . . .

. . . .

§ XV. — EMPIRE OU RADICALISME

Depuis l'usurpation du Quatre Septembre les bonapartistes
n'ont cessé d'être en butte à toutes les calomnies, à toutes les
insultes, à toutes les attaques. Plus ils criaient que ce parti
était mort, plus les gens du Pouvoir l'entouraient d'entraves ;
car, ils sentaient que, malgré tout, l'impérialisme puisait sa
force indestructible au sein des classes les plus saines et les
plus nombreuses de la population française.

Aujourd'hui, quoi qu'on dise et qu'on fasse, il est le seul
parti qui puisse se dresser en face du radicalisme, l'abattre et
le détruire.

La légitimité n'a pas de racines dans le peuple ; l'orléanisme
ne peut aboutir que par un coup de main ; le républicanisme
recrute ses partisans dans les grandes villes ; seul l'Empire a
pour lui l'immense majorité de la Nation.

Le peuple travailleur et économe, qui tient à l'ordre et à la
sécurité, sait que l'Empire a déjà sauvé la société française et
que seul encore il aura l'énergie et la puissance de l'arracher à
la domination d'un parti, dont les tendances le remplissent
d'épouvante.

Cependant il ne faut pas s'abuser. Si les Conservateurs, s'il-
lusionnant sur l'inanité de leurs espérances politiques, se li-

guaient pour faire avorter une restauration impériale, ils feraient courir, en cas de succès, à la Nationalité française les dangers les plus grands qui l'aient jamais menacée.

La question constitutionnelle, qui se pose aujourd'hui en France, n'est pas seulement une question politique, c'est avant tout *une question sociale*. Il ne faut pas s'arrêter à la surface, il faut descendre au fond, pour se convaincre que le radicalisme tend à la ruine de la religion, de la propriété et de la famille.

Or, l'organisation de ce parti est savamment ourdie, sa discipline lui assure une unité d'action efficace et le but proposé inspire à ses partisans une indomptable activité.

Tel est l'ennemi qui menace nos foyers, notre vie et notre nationalité. Ni le provisoire, ni le définitif imposé ne peuvent rien contre lui ; seul un Gouvernement autoritaire mais libéral, inflexible mais juste, fort mais tolérant, est capable de nous en débarrasser à jamais.

Un tel Gouvernement s'impose donc comme une nécessité de salut public. Or, devant l'impuissance de l'Assemblée, c'es. uniquement à l'appel direct au peuple qu'on peut demander la solution de la difficulté.

Mais cet appel doit être sincère, impartial, à l'abri de toute pression, et, en définitive, tel qu'il puisse faciliter la manifestation véritable de la volonté nationale. Et c'est pourquoi, pendant la période plébiscitaire, on doit suspendre tous les journaux et interdire, sous les peines les plus sévères, toute polémique, toute réunion électorale et toute propagande de parti.

Il faut que les électeurs ne soient point influencés, qu'ils puissent librement fixer leur choix et manifester leur volonté.

Il est très-probable qu'un plébiscite rétablirait le Régime

impérial, et c'est par crainte d'un tel résultat que les conservateurs républicains et monarchistes refusent d'y recourir. Ils veulent qu'une Assemblée constituante détermine le choix d'un Gouvernement définitif, parce que les uns et les autres espèrent obtenir la majorité aux élections générales. Et ils ne songent point que de telles élections peuvent seules amener le triomphe de la démagogie.

« Eh bien! à l'œuvre! conservateurs de toutes nuances! Les
« fiers-à-bras du radicalisme sont déjà debout pour vous prê-
« ter main-forte. Préparez-vous, ils sont prêts; unissez vos
« efforts aux leurs pour la besogne commune, ils ne deman-
« dent pas mieux. Rejetez l'appel au peuple, ils le rejettent;
« privez la Nation de l'exercice de son pouvoir constituant, ils
« le lui refusent; provoquez la dissolution de l'Assemblée, ils
« la réclament à grands cris: organisez des réunions électorales
« pour éclairer le Peuple, leurs comités fonctionnent à mer-
« veille depuis longtemps; lancez à travers les masses tous
« vos agents pour donner l'impulsion, les leurs connaissent
« toutes les issues et toutes es manœuvres; choisissez vos
« candidats, ils ont les leurs tout prêts; que votre presse les
« patronne, la leur porte le mot d'ordre à toutes les oreilles.

« Et enfin, comptez *vos élus* et comptez *les leurs*, en der-
« nier résultat!! C'est bien!! L'Empire est encore une fois
« écarté!! C'est très-bien!! C'est très-bien!!!

« Vous voilà triomphants!... Bravo! bravo!! Vous crie-t-on
« en tumulte

« Allons! Il vous faut un Chef... L'ancien est plus digne que

« jamais ; il n'a plus besoin de *se confesser*, car il dort du som
« meil de l'innocence dans *un lit qui est à lui*.

« Debout, Compère ! — Le voici. — Élevez-le sur vos pavois
« pour montrer son *Homme* au Peuple et son *Président* à la
« République... Hâtez-vous de rebâtir pour lui le Palais de
« nos rois ; faites-le trôner dans la demeure de Louis le Grand ;
« il y sera à sa place ; il sait jouer tous les rôles ; il est capable
« de tout.

« Aux Tuileries, il presse la main de l'Impératrice ; au Lou-
« vre, il baise Trochu au front ; à Versailles, il se berce sur
« les genoux de M. Thiers ; à Ferrières, il pleure sur les mal-
« heurs de la France avec M. de Bismarck ; à Genève, il se
« jette dans les bras de ses *copains*, qui puent le sang et suent
« le pétrole...

« Fils des croisés, princes, ducs, barons, bourgeois, indus-
« triels et commerçants, mêlez vos voix aux voix des succes-
« seurs de Marat et de Robespierre, des coryphées et des ma-
« nœuvres de la Commune, pour entonner un chant de
« triomphe ! Votre *Homme* est là, fièrement drapé dans les
« plis du drapeau de la France, et sous la majesté de ce vête-
« ment, on ne saurait soupçonner la camisole d'un citoyen
« de Cayenne !

« Érostrate court reprendre son rôle de stratége en Province,
« Tartuffe va dresser de nouveaux plans pour la défense de
« Paris et *Ernestron* Triboulet fait collection de paillardises
« pour égayer, d'une façon digne, les Conseils de ce Gouverne-
« ment de pleutres et de ribauds !..!. . . . .
« . . . .
« De l'autre côté des Alpes on entend des cris d'allégresse et
« par delà nos frontières dénudées, on aperçoit l'Allemagne

« dresser sa tête au-dessus de ses citadelles d'airain, pour s'as
« surer si l'œuvre qu'elle protége est bien parachevée. Et elle
« voit que tout a réussi et qu'il est temps de réclamer le prix
« de ses services. . . . .

« . . . .

« A Elle donc la Champagne et le reste de la Lorraine, à l'Italie
« Nice et la Savoie, suivant promesse de ministre plénipoten-
« tiaire de la République... et puis quelques milliards de pour-
« boire ! ! . . . .

« . . . . , .

« Ma foi ! ce n'est point trop cher payer l'avortement du troi-
« sième Empire ! ! s'écrient les frères Picard... Et l'on trouve
« qu'ils ont raison... Et l'on applaudit. . . . .

« . . . .

« Et le feu de joie?... Car il en faut un !... Et cette fois-ci la
« Capitale ne jouira pas seule de cet imposant spectacle ! ! Non !
« Non ! ! Plus de priviléges ! !

« Des artificiers hors ligne, des organisateurs émérites sont
« en réserve ; ils combinent leur œuvre à Nouméa. .. Allons,
« les voici rappelés ! Ils sont reçus avec enthousiasme... Ils
« vont donner une réjouissance républicaine !

« Prenez vos places, conservateurs, le signal est donné...
« Voilà, l'éclair brille ; un embrasement général s'étend sur
tout le territoire ; et, dans le ciel en feu, se déroule, en traits
de flammes, l'apothéose de la République française ! !

« . . . .

« Quel spectacle ! ! Quel spectacle ! ! ! Battez des mains,
conservateurs ! battez des mains ! !

« . . . . »

§ XVI. — UNE SUPPOSITION

Chez les peuples, comme chez les individus, l'ambition grandit avec le succès ; plus on possède, plus on veut posséder.

La Prusse, qui a bâti sa puissance des débris de la puissance de l'Autriche et de la France, semble en ce moment insatiable de conquêtes.

Elle s'est d'abord trop avancée pour maintenant reculer, et pas assez pour pouvoir rester stationnaire. Il faut donc qu'elle avance encore, si elle veut assurer sa position.

Or, supposons qu'elle rêve la domination souveraine de l'Europe et qu'elle combine les moyens de l'établir. — Supposons qu'elle veuille réduire à l'impuissance tous les grands États, devenir d'abord maîtresse des mers qui baignent le Continent européen, et puis prendre en main le sceptre de l'Océan, des rives du Gange aux bords de la Plata.

Tel est le problème. Voici la méthode allemande.

La France peut redevenir redoutable dans un avenir prochain. Il s'agit donc de la réduire tout à fait à l'impuissance. C'est le commencement de l'œuvre.

D'abord l'Allemagne va travailler à l'isoler pour avoir contre elle le champ libre.

Elle s'inquiète peu de l'Angleterre, redoutable par sa marine, mais de mince valeur dans une guerre continentale. — Au prix de Nice et de la Savoie, elle acquiert le concours de l'Italie, qui, de concert avec la Russie, empêche l'Autriche de bouger. — Mais il faut surtout immobiliser cette avant-dernière Puissance. — Et voici que l'Orient lui en fournit le moyen.

Le Sultan, en effet, cédant à la pression de l'ambassadeur d'Allemagne, spolie et persécute ses sujets catholiques. — Aussitôt le représentant de la Russie proteste et menace. — Mais le Turc tient bon, et tout à coup le Gouvernement de Saint-Pétersbourg dénonce le Traité de Paris, qui garantit aux chrétiens le droit de propriété et le libre exercice de leur culte, et il jette en même temps une armée sur les rivages du Bosphore.

La Prusse encourage et laisse faire, et cependant elle se prépare à venir nous écraser.

Toutefois il faut un prétexte plausible pour nous déclarer la guerre. L'Espagne se charge une seconde fois de le fournir.

En conséquence, le Prince de Bismarck amène notre Cabinet à reconnaître le maréchal Serrano. — Cette reconnaissance et le payement anticipé de l'indemnité de guerre sont les deux plus grandes fautes que le Gouvernement français ait commises depuis le traité de Francfort.

En effet, si nous étions restés ses débiteurs jusqu'en 1875, l'Allemagne avait intérêt à nous ménager; d'ailleurs, elle n'eût pas pu réorganiser aussi rapidement ses forces militaires, et nous eussions eu plus de temps pour refaire les nôtres. — De même, si le Cabinet de Versailles avait refusé de reconnaître le duc de la Torre, le Gouvernement de Madrid n'était pas en droit de nous adresser directement le reproche de favoriser les Carlistes. — Dans ces conditions, l'État allemand ne pouvait accepter le rôle d'accusateur qui l'eût rendu odieux en dévoilant ses desseins secrets.

Au contraire, la reconnaissance autorise l'Ambassadeur espagnol à se plaindre, à tort ou à raison, de l'attitude du Gouvernement français. Dès lors, l'Allemagne, quelle que soit d'ailleurs leur valeur, soutenant les plaintes de l'Espagne, nous condamne à des réparations trop humiliantes pour notre honneur national. — Voilà donc la guerre.

Mais M. de Bismarck est homme à ne négliger aucun moyen de succès. — Ainsi, sous prétexte que la Belgique et la Suisse seraient impuissantes à arrêter une armée française qui voudraient traverser leur territoire pour pénétrer en Allemagne, il fait entrer dans la Confédération du Sud les Cantons allemands de la République helvétique et puis il déclare que l'Empereur, son maître, se charge du protectorat de ces deux États.

Le Peuple belge proteste, mais le Gouvernement suisse tressaille d'aise.

Hélas !! Notre époque en travail ne *met bas* que des *Liborios Romanos* qui vendent les peuples au plus offrant ! ! !

La France, une seconde fois vaincue et broyée, perd Nice et la Savoie qui retournent à l'Italie ; le Béarn est donné à l'Espagne où règne un Prince allemand, et la Lorraine, la Champagne, la Picardie et la Flandre forment le lot du vainqueur qui nous quitte enfin avec dédain, en emportant le reste de nos trésors.

Cet anéantissement de la France lève toute barrière à l'ambition de l'Allemagne. Elle recule aisément les frontières de la Confédération du Sud jusqu'aux bords de l'Adriatique ; la Galicie, les provinces germaniques de l'Autriche et les Principautés danubiennes que gouverne un Prince allemand passent sous son sceptre ; la Hollande lui apporte de vastes et magnifiques colonies et le Danemark la rend maîtresse de la Baltique. — La Russie est refoulée vers l'Orient et ne peut plus avoir un seul vaisseau de guerre. — L'Autriche devient Puissance secondaire. En quelques années enfin, l'Allemagne crée une flotte formidable et le gain d'une bataille navale contre l'Angleterre lui donne l'empire des mers.

Tout cela n'est qu'une supposition!! Qu'un rêve!! Dieu le veuille!!

Quoi qu'il en soit, de telles éventualités ne paraissent pas absolument impossibles à celui qui médite le cours des événements et qui sait apprécier l'état des peuples de l'Europe.

La chute de la France a rompu l'équilibre, et cet équilibre era longtemps à se rétablir, si nous sommes condamnés à ne garder qu'un rôle secondaire.

Il est vrai, si nous n'avons pas encore repris notre rang et si nous le perdons sans retour, la faute en est à nos représentants. Oui! Sitôt la paix signée, l'Assemblée aurait dû laisser la Nation maîtresse de ses destinées et se choisir directement elle-même le Gouvernement qu'elle désirait.

Il est probable que la République eût été écartée, que le descendant de nos anciens rois serait assis aujourd'hui sur le trône de ses pères et que la France, redevenue calme, compacte et forte, compterait déjà des alliances sérieuses et pour-

rait impunément braver les menaces et déjouer les complots
de ses ennemis.

Mais nos représentants, entraînés par les flatteries et les
encouragements de M. Thiers, et cédant aussi à leur ambition
personnelle, ont voulu s'arroger le Pouvoir constituant et se
donner le mandat d'imposer à la Nation un Gouvernement de
leur choix. Jusqu'à ce jour leurs efforts ont été inutiles et il
est probable qu'ils le seront longtemps encore.

Dès le principe, les royalistes n'ont pas voulu de l'*appel au
peuple* parce qu'ils craignaient l'avènement de la République;
de leur côté, les républicains l'ont aussi repoussé, parce qu'ils
redoutaient la restauration de la Monarchie. Aujourd'hui les
uns et les autres le rejettent à cause du retour probable de
l'Empire.

Or, nous devons le proclamer solennellement : « Les bonapartistes, en déclarant qu'ils accepteront comme légitime tout
Gouvernement né d'un vote national, sont les seuls qui se
montrent réellement patriotes.

Et pourtant, l'opiniâtreté de chaque parti à briguer le
Pouvoir souverain nous affaiblit, nous disloque, nous tue et
nous laisse à la merci de l'Étranger.

Il est écrit que tout royaume divisé contre lui même périra.

« Or, vous tous, qui tenez en main nos destinées, êtes-
vous certains de n'avoir pas poussé trop loin votre obstina-
« tion et d'être encore à temps de sauver la Patrie, même en
« demandant directement au Peuple un Gouvernement qui
« puisse unir tous les cœurs, tous les bras et toutes les in-
« telligences?

« Ah ! je crains qu'on ne vous reproche un jour d'avoir
« perdu la France, en ne sachant pas la sauver et que bientôt

« vous ne répandiez des pleurs bien amers sur des calamités
« nouvelles et irréparables !! »

Je ne sais !!... Mais j'entends des bruits lugubres comme le
murmure lointain d'un peuple qui s'agite et qui menace. —
Et je sens le sol frémir sous mes pas. — Et la tempête semble
monter dans le sombre horizon. — Et le trouble s'empare de
mon cœur et mon âme est saisie d'une indéfinissable tristesse !!

Que Dieu, qui est notre unique espoir, protège et sauve la
France !!

§ XVII. — DEUX HOMMES

Toutes les nations européennes chancellent sur leurs bases ;
le sol frémit et tremble ; de temps en temps un sinistre éclair
sillonne le ciel sombre ; l'inquiétude règne partout ; des appréhensions profondes serrent les cœurs ; on sent l'approche de
grands événements.

Un Homme paraît dominer toute la situation et lui comman-
der. Son intelligence est vaste, sa volonté inflexible, son courage ne se rebute jamais, sa constance ne se lasse point et sa
convoitise prétend à la domination de l'Occident et à la prépondérance sur les mers et sur les continents des Deux-
Mondes.

Rien n'échappe à son regard ; tout bruit frappe son oreille ;
sa main touche à tout ; rien ne lui résiste.

Les grands de la terre viennent le saluer et prendre ses ordres. Des armées innombrables marchent où il les pousse et
tout un peuple se lève pour exécuter ses volontés.

Il soumet les uns par la ruse et surprend violemment les
autres ; il gagne ceux-ci par son or et ceux-là par des promesses et il les tient tous sous sa lourde main.

Il est redevable à la France de ses premières victoires et des
éléments de sa puissance ; et, quand il s'est senti assez fort,

s'est rué sur elle, a brûlé ses villes, ravagé ses campagnes, emporté ses trésors et ravi deux de ses Provinces.

Et les rois ont laissé faire ; les peuples ne se sont pas émus et tous ont gardé le silence.

SEUL, UN VIEILLARD, ROI *dépossédé de son sceptre et de son royaume*, a fait entendre au Monde, du fond de son palais qui lui sert de prison, sa voix souveraine et solennelle, pour flétrir, au nom du Dieu juste et vengeur, dont il est le Pontife, les excès du despote et il s'est résolûment dressé devant lui en adversaire implacable de ses sinistres desseins.

L'un exalte le règne de la force brutale, l'autre défend la cause du droit et de la justice ; l'un tend au but par n'importe quelle voie, l'autre enseigne à ne jamais quitter le sentier du bien ; l'un abuse de toutes les ressources de la puissance humaine pour établir son empire, l'autre, privé de tout secours terrestre, remet la défense de son droit à la Toute-Puissance du Dieu qui tient en ses mains les destinées des Peuples et qui exalte ou efface les Nations; l'un pousse les rois et leurs sujets dans les abimes de l'erreur, l'autre amène tous ceux qui écoutent sa voix dans les sereines régions de la vérité ; l'un sème partout la haine, la discorde et la violence, l'autre inspire la charité, la concorde et la douceur ; l'un brise, à coups de sabre, la liberté de conscience, l'autre fait accepter son symbole par la persuasion et la mansuétude ; l'un spolie, emprisonne et persécute ceux qui ne plient pas à ses volontés, l'autre traite avec bienveillance ses spoliateurs et appelle sur eux la miséricorde divine ; l'un épouvante le Monde par son audace, par ses tendances oppressives et par son insatiable

égoïsme, l'autre l'édifie par ses vertus, par son désintéresse-
ment et par son admirable résignation au malheur ; l'un poursuit le triomphe du despotisme et de la barbarie, l'autre défend
l'empire de la liberté et de la civilisation ; l'un veut tout soumettre à la domination humaine, l'autre veut établir, au-dessus de tout, le souverain pouvoir de Dieu ; l'un enfin, qui doit
à la France ce qu'il est, la déteste, la menace et veut l'anéantir, l'autre, qui lui doit la perte de ses États, pleure sur ses
malheurs, la console et l'encourage, prie pour son Peuple et le
bénit, et toujours il est heureux s'il peut presser sur son cœur
quelqu'un de ses enfants.

Telle est la lutte ; tels sont les deux champions ; l'un, M. le
Prince de Bismarck, Grand Chancelier de l'Empire d'Allemagne,
l'autre, le Pape Pie IX, *sujet* du Roi Victor-Emmanuel.

Et dans ce gigantesque combat du Génie du bien contre le
Génie du mal, de l'Ange de lumière contre l'Ange de ténèbres, nous, qui croyons en Dieu et à sa Providence, nous
avons la CERTITUDE qu'enfin le Vatican remportera sur Sans-
Souci une décisive et solennelle victoire !!

« Vous tous, qui avez un cœur honnête et qui le sentez
« battre pour la Patrie, dites-nous donc de quel côté se trouve
« la cause du droit, de la justice et des intérêts de la France? »

Les radicaux pensent que l'œuvre de M. de Bismark est digne
de leurs sympathies et de leur concours. Et c'est ainsi que les
mêmes hommes, que les mêmes écrivains démocrates, qui ont
applaudi à l'unité italienne et à la spoliation du Saint-Siége,
au vainqueur de Sadowa et de Sedan, et à la chute de l'Em

pire, applaudissent aujourd'hui aux entreprises de M. de Bismark en Allemagne, en Suisse et en Espagne, et ne craignent pas, en accusant le Gouvernement français de favoriser le carlisme effectivement ou par négligence, de fournir à nos vainqueurs un prétexte plausible de nous déclarer la guerre.

Ah ! ne dirait-on pas qu'ils ont juré l'anéantissement de la Nationalité française ?

Quand on considère leur attitude et leurs aspirations, le froid gagne le cœur, l'épouvante vous saisit et le désespoir vous abat !

Oui ! les hauts et bas malandrins de la démagogie qui insultent, qui outragent, qui menacent en secret, en public, toujours et partout, jusque même au sein du Parlement; oui ! les chefs et le troupeau du banditisme radical, qui éructent l'injure et le mépris sur toutes nos gloires nationales, ont l'audace criminelle de plaider tous les jours, dans leur presse éhontée, la triste cause de Ceux-la qui, après avoir trois fois vendu leur patrie à l'étranger, font tout pour obliger nos ennemis à se ruer encore sur nous ! ! Ils osent s'ériger, devant l'Europe, *en accusateurs* du Gouvernement français et lui reprocher, dans leur réquisitoire, chaque jour grossi par de nouvelles calomnies, une violation constante et opiniâtre du droit des gens ! ! !

Hé quoi! la Justice ne tient donc plus dans sa main qu'un glaive émoussé ! ! Et Ceux qui veillent à nos destinées auraient moins de souci du salut de la France que de l'impunité de tels attentats ! ! !

Qu'ont ils donc à répondre à leurs accusateurs du dehors, s'ils ne confondent point... que dis-je ?... s'ils laissent même siéger en paix, dans les Conseils de la Nation, leurs accusateurs du dedans?

Attendent-ils, pour réprimer tant d'audace, que l'étranger ait une seconde fois envahi nos Provinces? — Et ne seront-ils pas alors obligés, pour se maintenir debout, d'immobiliser dans les grandes villes des forces que la défense du territoire appellerait ailleurs? Et cette tolérance peut-elle nous valoir, au besoin, les sympathies et l'appui matériel des Souverains de l'Europe?

Hélas!! Dieu sait ce qui en est!!

« Conservateurs! Que rien de tout cela ne vous arrête!...
« Travaillez! Travaillez avec courage au triomphe du radica-
« lisme... Le succès couronnera sans doute vos efforts... Non!
« Non! Vous n'aurez pas d'abord l'Empire... Soyez sans in-
« quiétude... Mais si la Nation ne s'abîme pas dans l'anarchie
« et ne devient point la proie de l'étranger, qui s'ébranle déjà
« pour courir de nouveau nous écraser demain, l'Empire re-
« viendra nous arracher encore à la démagogie et rendre à la
« France son rang, sa splendeur et ses glorieuses destinées. »

ÉPILOGUE

Certes, il serait bien désolant que le Pays ne se débarrassât pas enfin, par un suprême et décisif plébiscite, de cette poignée de factieux qui, sous le nom de républicains, sont, par leurs complots incessants et par leurs menées criminelles, la cause de toutes les perturbations sociales et politiques qui bouleversent la France depuis près d'un siècle.

Et cependant, à les entendre, seuls ils sont la majorité intelligente et honnête; seuls, ils sont capables de bien gouverner; seuls, ils rendront le bonheur au Peuple, l'ordre et le bien-être au Pays; seuls, ils peuvent assurer des élections irréprochables et sincères; seuls, ils sont doctes, incorruptibles et même à l'abri de toute erreur, tandis que la grande masse du Peuple français, dans ses manifestations les plus imposantes en faveur de l'Empire, s'est laissé séduire et corrompre par les agents du dernier Pouvoir.

Et vraiment, il faut avoir une outrecuidance incroyable pour oser prétendre que huit millions de Français se sont, deux fois, laissé illusionner et bêtement tromper.

Eh bien! Ces huit millions de Français, par une troisième acclamation, sauront nous donner un Gouvernement qui ne sera certainement pas radical.

« Quoi! vous démocrates, minorité infime! qui traînez à
« votre suite tous les sacripants politiques, toutes les épaves
« du bagne, tout ce que recèlent d'immonde et de vil les bas-
« fonds de la populace et tout ce que le vice, le crime et les
« instincts sanguinaires ont de plus atroce, vous auriez la
« prétention de garder dans vos mains le sceptre de la
« France?

« Et qu'est donc votre gouvernement? Hélas! l'épouvante
« monte au cœur et le vertige à la tête quand on le con-
« sidère!

« Votre gouvernement! mais c'est la terreur, le tumulte,
« les angoisses, la désolation, les outrages, les menaces, le
« pillage, la ruine, les séditions, les égorgements, la mort!!

« Qu'avez-vous produit en 93? Tout cela. — Qu'avez-vous
« produit en 48? Tout cela.   Qu'avez-vous produit en 71? —
« Tout cela!

« Pourtant vous nous promettiez des jours sereins et une
« prospérité à nulle autre pareille! Et votre règne, à peine
« existant depuis quelques semaines, nous a laissé des campa-
« gnes ravagées, des villes en cendres, une armée en lam-
« beaux, des populations décimées, une Capitale en ruines, la
« source de notre fortune desséchée et une Patrie démembrée,
« remplie de désolation, et couverte du sang et des cadavres
« de ses enfants!! »

Et chose étonnante! *Cet Homme fatal* qui pendant vingt ans
a porté le drapeau de la démagogie, qui n'a cessé de conspuer
le Gouvernement impérial et de le battre en brèche, et qui, au
jour de son lugubre triomphe, déclarait pompeusement que la
Révolution ne coûterait pas une seule goutte de sang français,
que sa République nous ferait une France prospère et victorieuse, et qu'elle *ne céderait à l'étranger ni un pouce du terri-*

toire, ni une pierre de nos forteresess ; cet Homme fatal, dis-je, s'est vu bientôt condamné, pour son premier châtiment et pour sa honte éternelle, à diriger une guerre d'extermination contre ceux que ses discours et ses menées ne cessèrent, durant le dernier règne, de pousser à l'insurrection, et à apposer sa signature au bas d'un traité qui constate et scelle, pour les siècles à venir, les désastres subis par nos armes sous sa domination, les ravages sanglants de nos provinces, le sac de nos villes, la perte de nos principales places de guerre et celle de nos richesses nationales, l'occupation longtemps prolongée de notre territoire par l'ennemi et le dépècement du sol de la Patrie !

Ainsi l'œuvre fut consommée ! œuvre de deuil et de honte ! œuvre d'asservissement et de mort que l'hypocrisie, l'audace et l'incapacité ont jetée comme une abîme sous les pas de la France !

« Et pendant que vous graviez le sceau du déshonneur au
» front de la Nation et que vous riviez à son cou la chaîne de
« l'esclavage, un troupeau de démolisseurs, formés à votre
« école et auxquels vous prêchez, depuis bien des années, le
« mépris de toutes nos grandeurs nationales, abattait, au sein
« de la Capitale, cette gigantesque colonne que la main de la
« Victoire éleva à la gloire du Grand Homme et de nos vail-
« lantes armées, et dont elle ravit le bronze à ces mêmes
« ennemis dont vous êtes les stipendiés, et sous les regards
« desquels s'est accompli cet acte de reniement des exploits
« de nos pères ! »

« Ah ! sur son fût qu'on vient de redresser, élevez donc un
« trophée à vos gloires républicaines ! Vous pourrez le bâtir
« d'ossements humains, les cimenter de sang et de boue, et

« dresser dessus la statue de votre République, toque en tête,
« blouse au dos, torche en main et couperet au poing ! »

« Allez ! votre bras est trop court, pour jeter le voile de
« l'oubli sur la taille du Géant.

« La grande figure de Napoléon s'élèvera toujours brillante
« de gloire au-dessus des siècles, comme s'élèvent, au fond
« de l'horizon, ces monts superbes qu'éclairent les rayons du
« soleil au-dessus des ombres du couchant.

« Mais, gloire à vous ! car, vous avez triomphé le jour où
« l'incendie dévora les superbes monuments que nous léguè-
« rent nos souverains et qu'il éclairait de ses lueurs sinistres
« la hideuse majesté de votre République, pendant qu'elle
« s'efforçait de dresser son trône sur les ruines fumantes de la
« patrie !

« Vous tous, auteurs de l'horrible attentat du 4 Sep-
« tembre, cette fumée de l'incendie, épaissie des vapeurs du
« carnage, dut sans doute vous griser d'un farouche bonheur !

« Vous souvient-il en effet de ces conciliabules secrets que
« vous teniez successivement les uns chez les autres, aux der-
« nières années de l'Empire, à l'heure où la nuit couvre de ses
« plus noires ténèbres les coups du brigand, et auxquels vous
« attiriez ceux des ouvriers de Paris que vous saviez avoir une
« fatale influence sur les autres ?

« Vous souvient-il de cette odeur de feu et de sang que ré-
« pandait votre haleine, tandis que vous exposiez les moyens
« de réaliser vos projets criminels ?

« Vous souvient-il d'avoir, sous le dernier règne, appelé

« l'impunité sur ces abominables perturbateurs qu'à la chute
« de la Commune vous avez fusillés sans pitié ni merci ?

« Vous souvient il de tout ce que vous avez fait et dit pour
« assurer une licence effrénée à cette presse incendiaire qui a
« fourni à l'insurrection ses chefs les plus bestialement fé-
« roces ?

« Vous souvient-il enfin d'avoir mis entre les mains de la
« plus vile plèbe ces armes, qui lui ont permis de se rendre
« maîtresse de la Capitale, de joncher ses rues des cadavres de
« nos soldats et de faire de ses plus beaux quartiers et de ses
« plus splendides édifices un monceau de débris et de cen-
« dres ? — Ah ! il fallait l'incendie, pour anéantir les preuves
« des vols commis par les crocheteurs des coffres du Souverain
« et de l'État ! !

« Dès lors sans doute, vous dûtes être satisfaits ! Votre cœur
« dût battre à l'aise et votre souffle devait être paisible, tandis
« qu'accroupis sur la Patrie expirante, comme la bête fauve
« sur les restes de sa proie, vous vous délassiez de la fatigue
« que vous avait coûtée le triomphe !

« Mais la justice aura son heure. On vous demandera compte
« de vos actes, et vos noms, comme les noms de ces sinistres
« personnages qui firent triompher le crime aux jours les plus
« néfastes de notre Histoire, seront voués à l'exécration de la
« postérité.

« Et vous, VIEILLARD, qui avez déjà broyé sous votre talon
« trois têtes couronnées, demain la main de la mort vous jet-
« tera au tribunal de Dieu.

« Descendez au fond de votre âme et demandez-vous si le
« souverain Juge trouvera votre cœur pur et vos mains inno-

« centes et s'il ne vous reprochera pas d'avoir, par vos dis-
« cours, par vos actes et par votre alliance avec les suppôts de
« l'iniquité, poussé la France sur le chemin des abîmes où s'en-
« gloutissent les nations ! .   .   .   .
«   .   .   .   .   ? »

Ah ! Qu'on nous dise enfin quels sont, dans ces bouleversements successifs de toutes nos institutions publiques, les
trompeurs et les trompés ! !

» Noble peuple de France ! si souvent victime de la domina-
« tion basse et tyrannique de la démagogie ! arme-toi donc
« d'un indomptable courage pour te débarrasser à jamais de
« ces hommes, qui te flattent pour mieux te tromper, qui te
« dépouillent pour s'enrichir, qui demandent ton sang pour
« épargner le leur et qui te foulent aux pieds pour monter au
« Pouvoir !

« Fais donc entendre ta voix souveraine pour imposer tes
« volontés, et que tes solennelles acclamations fassent surgir
« le Gouvernement, auquel tu prétends confier les destinées
« de la Patrie ! »

Dès lors sera close l'ère des révolutions ! Dès lors le Pays reprendra le chemin de la prospérité et de la grandeur et les démagogues rentreront pour toujours dans l'ombre, d'où, pour le
bonheur et la gloire de la France, ils n'auraient jamais dû
sortir ! ! !

FIN.

TABLE DES MATIÈRES

—

Imprimerie Parisienne, J. Soubie, impasse Bonne-Nouvelle, 5, Paris.

www.ingramcontent.com/pod-product-compliance
Lightning Source LLC
LaVergne TN
LVHW021159140726
843272LV00042B/1138